工程法系列丛书

建设工程典型案例述评

JIANSHE GONGCHENG DIANXING ANLI SHUPING

主编 陈建军 孟磊

湘潭大学出版社

前　言

为了在湖南理工学院政法学院已创办九年的工程法律实验班人才培养模式的基础上，实现从工程法律人才培养向工程法学学科建设的转型，以及满足湖南理工学院政法学院法律硕士工程法务方向特色课程教学的需要，我们决定与相关实务部门合作撰写《建设工程典型案例述评》一书，既作为湖南理工学院政法学院与实务部门多年来校地合作办学、合作研讨实际问题的一项出版成果，也作为湖南理工学院政法学院法律硕士培养和工程法律实验班本科教学的参考用书。

“典型案例”顾名思义就是有代表性的实际发生的案例，是在特定时间、地点发生的有当事人参与、有事件起因及发生发展过程和结果等信息的事件，是同类事件中具有代表性的、最能反映同类事件本质特征的、已经办结或已经发生的实例。当然现实生活中绝对相同的案例是不存在的，它们总会存在各种差异，但本质特征上肯定是相同或相近的。因此，典型性是我们在选择案例编辑本书时需要考虑的第一个因素。

工程法学作为一门交叉学科和法学边缘学科，作为以工程法律、工程法律现象及其发展规律为研究对象的学科，正方兴未艾，关于它的内容体系学术界至今还没有统一的认识。但作为教学参考用书的《建设工程典型案例述评》不能杂乱无章，必须有一个内在的逻辑贯穿其中。这个逻辑就是建设工程项目从立项、规划、设计、施工、监理到竣工验收的完整过程先后主要受行政法、民商法、经济法、刑法、争议解决程序法的调整。因此，我们在选择案例编辑本书时需要考虑的第二个因素就是建设工程的各个主要环节要尽量做到全覆盖。

选择案例编辑本书时需要考虑的第三个因素就是案例要有争议性或有一定的影响，这是我们对案例进行评析的基础和前提。正是其争议性，才可以从不同角度反映教师在认识这些问题时的态度和观点，哪怕这些观点是错误的，也可以启发学生思考，或作为学生甚至学术界和实务界批判的靶子，如果真能如此，让学生懂得了世上没有一贯正确的人，老师也不例外，那即是本书的价值所在。

因此，本书由建设工程行政法案例、建设工程民商法案例、建设工程经济法案例、建设工程刑法案例、建设工程争议解决程序法案例共五个部分构成。每个部分选择若干个案例进行编写。

本书的编写体例包括四个部分：（1）基本案情；（2）争议焦点；（3）学理分析与评析；（4）本案裁判结果。基本案情和裁判结果中涉及的当事人一律用“姓”加“某某”等方式代替，当事单位则用“××公司或企业”等方式代替，地址也按此处理。

本书既可作法律硕士和法学专业本科生的教学参考用书，也可为各类法律工作者提供工作参考。但因为编者水平有限，错漏在所难免，敬请各界朋友和同仁批评指正。

湖南理工学院政法学院　陈建军

2021 年 3 月 12 日

目　　录

第一部分　建设工程行政法案例

案例一　征地拆迁行政补偿诉讼案

程　琳　陈敏贤

一、基本案情

为新建××高速公路，A 县人民政府于 2010 年 12 月 30 日拟征收 A 县 B 乡小田村小王村民小组的部分土地；小王村民小组不服 A 县人民政府依据湖南省人民政府发布的《关于公布湖南省征地补偿标准的通知》的征收土地补偿标准所作出的《××高速公路（A 段）征地拆迁补偿安置实施方案》（以下简称《方案》），于 2015 年 2 月 13 日向 D 市人民政府申请行政复议，D 市人民政府逾期未作出行政复议决定，小王村民小组以村民小组的名义向法院提起诉讼，依法请求法院确认 A 县人民政府作出的《方案》违法并予以撤销。

原告：A 县 B 乡小田村小王村民小组。

委托代理人：刘某某，小王村民小组组长。

被告：A 县人民政府，住所地：湖南省 A 县××路。

法定代表人：汪某某，代县长。

委托代理人：汤某某，A 县法律援助中心律师。

委托代理人：陈某，A 县国土资源局（现为自然资源和规划局，本案不再作说明）工作人员。

为新建××高速公路，A县人民政府于2010年12月30日发布《关于××高速（A至D）公路预征地公告》，拟征收A县F镇、G镇、H镇、B乡的部分土地；征收土地的补偿标准依据为湖南省人民政府《关于公布湖南省征地补偿标准的通知》〔湘政发（2009）43号〕、D市人民政府关于印发《D市集体土地上房屋拆迁补偿安置办法》的通知、A县人民政府《关于公布A县征地补偿标准的通知》；补偿方式为货币补偿。2012年9月15日，A县人民政府发布《征用土地方案公告》（2012年第7号），该公告载明：根据国土资源部（现为自然资源部，本案不再作说明）国土资函（2012）82号文件及湖南省人民政府《农用地转用、土地征收审批单》，征用A县F镇、G镇、H镇、B乡的四个乡镇共21个村集体土地253.9393公顷；建设项目名称为A县至D市公路；土地补偿标准按照湖南省人民政府《关于公布湖南省征地补偿标准的通知》、A县人民政府《关于公布A县征地补偿标准的通知》文件标准执行；地上附着物补偿标准和青苗补偿标准按照D市人民政府《关于公布D市征地补偿标准的通知》《D市集体土地上房屋拆迁补偿安置办法》文件执行。被征用土地所涉及的农业人员安置采取货币安置方式。同日，A县国土资源局发布《征地补偿安置方案公告》（2012年第7号）。

2012年10月15日，A县人民政府向各乡镇人民政府、街道办事处、市直有关单位下发《方案》，明确了征地补偿、房屋拆迁等问题。该《方案》确定的土地补偿标准为：B乡为A县Ⅳ产值区，补偿标准为每亩26730元，地类修正系数：旱土0.7，经济林0.55，草地、林地0.4，园地0.7，未利用地0.3。

2013年1月14日，甲方××高速公路建设协调指挥部与乙方B乡小田村村民委员会签订《土地征收协议书》：甲方根据××高速公路建设需要，向乙方征收××高速公路设计红线范围内的土地共101.46亩，土地补偿标准根据湖南省人民政府《关于公布湖南省征地补偿标准的通知》执行，青苗补偿标准根据《D市集体土地上房屋拆迁补偿安置办法》执行，总补偿金额为1976945元。

原告B乡小田村小王村民小组诉称，被告A县人民政府作出的《方案》适用湖南省人民政府《关于公布湖南省征地补偿标准的通知》的补偿标准是错误的，应当依照《中华人民共和国征地拆迁补偿暂行条例》进行补偿，且该组的青苗补偿费尚未到位，征收补偿的面积存在故意克扣（每亩克扣0.29亩），××高速公路征地红线范围外的用地没有给予青苗补偿，因此原告于2015年2月13日向D市人民政府申请行政复议，D市人民政府逾期未作出行政复议决定，故原告向A县人民法院起诉，请求确认被告作出的《方案》违法并予以撤销，并按照《中华人民共和国征地拆迁补偿暂行条例》和湖南省人民政府办公厅《关于全省高速公路征地拆迁补偿标准的通知》重新作出行政行为，并予以行政赔偿。

二、争议焦点

1. 土地征收补偿纠纷是否属于行政诉讼受案范围?
2. 村民小组是否具有行政诉讼原告资格?
3. 规范性文件在行政诉讼中如何适用?

三、学理分析与评析

（一）土地征收补偿纠纷是否属于行政诉讼受案范围

近来，随着湖南省经济社会的迅猛发展和城镇化进程的快速推进，征收农村集体土地数量呈逐年增加趋势，为促进全省经济社会的持续健康发展提供了有力的土地资源保障。但同时因征地引发的各种矛盾纠纷不断。现阶段，不少被征地农民还不善于针对直接影响其权利义务和土地征收补偿的行政行为寻求救济，而是对征收补偿的前续行为、中间行为、后续行为申请行政复议或者提起行政诉讼，这些诉讼有的在救济方面并不具有必要性，有的则属于抽象行政行为争议，有的甚至不直接对原告征收补偿利益形成影响。在小王村民小组的集体土地征收过程中，根据最高人民法院的相关司法解释，征地补偿安置方案是确定被征收土地的土地补偿费、安置补助费、地上附着物和青苗补偿标准和支付方式、农业人员的具体安置途径以及其他有关征地补偿、安置具体措施的依据，直接影响到被征收土地权利人的实体权益。但土地征收补偿纠纷是否属于行政诉讼受案范围，一直存在着争议。

《中华人民共和国土地管理法实施条例》（此为2014年版，已于2021年修订，本案不再作说明，以下简称《土地管理法实施条例》）第二十五条第三款规定，征地补偿、安置方案报市、县人民政府批准后，由市、县人民政府土地行政主管部门组织实施。对补偿标准有争议的，由县级以上地方人民政府协调；协调不成的，由批准征用土地的人民政府裁决。由于《土地管理法实施条例》第二十五条内容不够明确，一直困扰着相关办案人员对土地征收补偿纠纷的处理，往往由人民政府进行裁决，缺少充分的协商，没有从根本上解决矛盾冲突，导致影响被征地农民进行正常的行政复议和行使诉讼权利。

国务院法制办经征求全国人大常委会法工委和最高人民法院的意见，并报国务院同意，对补偿安置方案的争议作出如下规定，即根据《国务院法制办公室关于依法做好征地补偿安置争议行政复议工作的通知》（国法〔2011〕35号）第一条规定，被征地集体经济组织和农民对有关市、县人民政府批准的征地补偿、安置方案不服要求裁决的，应当依照行政复议法律、法规的规定向上一级地方人民政府提出申请。但在上一级地方人民政府对征地补偿、安置方案裁决完毕后，被征收人是否还可以提起行政诉讼，仍未明确统一的规定，需要结合其他法律规范解决争议纠纷，而且《行政诉讼法》并未明文规定集体土地征收补偿安置方案不可诉。依据《行政诉讼法》第二条的规定，认为行政机关侵犯其人身权、财产权合法权益的，公民、法人或者其他组织可以提起行政诉讼。而对于土地征收补偿案件，司法解释早有明确规定，2011年《最高人民法院关于审理涉及农村集体土地行政案件若干问题的规定》第一条规定："农村集体土地的权利人或者利害关系人认为行政机关作出的涉及农村集体土地的行政行为侵犯其合法权益，提起诉讼的，属于人民法院行政诉讼的受案范围。"所以关于农村集体土地的权利受到侵犯的，小王村村民可以依法向人民法院提起诉讼，但本案是小王村村民对补偿、安置方案不服，应根据该司法解释第十条："土地权利人对土地管理部门组织实施过程中确定的土地补偿有异议，直接向人民法院提起诉讼的，人民法院不予受理，但应当告知土地权利人先申请行政机关裁决。”

因此，当补偿安置方案侵犯被征收人合法权益的时候，被征收人有权提起行政诉讼。但对集体土地征收补偿、安置方案不服，裁决（复议）前置，是此类案件救济的法定途径，而不能直接向法院提起行政诉讼。具体而言，被征地集体经济组织和农民如果对征地补偿安置方案确定的补偿标准不服，应当首先向批准该征地补偿安置方案的市、县人民政府申请协调，协调不成的可向上一级地方人民政府申请行政复议，对复议仍不服的则可以向人民法院提起行政诉讼。

本案中，小王村民小组应向A县人民政府申请协调，协调不成可向D市人民政府申请行政复议，对复议仍然不服的，可以向D市中级人民法院提起行政诉讼。行政征收补偿类案件必须经过裁决（复议）前置，再向人民法院提起诉讼，被征收人的合法权益即得到保障。

实践中大多数农民对征地补偿方案不服提起行政诉讼以维护自身权益时，直接被人民法院认定为征地补偿方案不属于行政诉讼的受案范围而不予受理，由于维权受困以及行政机关的不作为，村民不断上访，矛盾逐步加剧，最终纠纷的解决还是依靠人民法院。本案也是众多征地拆迁行政补偿纠纷的一个典型案例，行政诉讼难，难在行政相对人与行政机关相比处于弱势地位，司法机关应充分保障行政相对人的合法权益，积极解决纠纷。

（二）村民小组是否具有行政诉讼原告资格

司法实践中，村民小组是否具有诉讼主体资格，即能否作为原告、被告或第三人（统称为当事人）参加民事或行政诉讼，是经常遇到的，也是十分重要的问题。现阶段我国法律对村民小组是否具有行政诉讼主体资格并没有明确规定。

行政诉讼的原告，指与行政行为有利害关系，对该行为不服，以自己的名义向人民法院提起诉讼，从而启动行政诉讼程序的公民、法人或者其他组织。享有原告资格的法律条件有：（1）原告必须是在行政管理法律关系中处于被管理者地位的公民、法人或者其他组织；（2）与被诉行政行为之间存在利害关系；（3）认为其合法权益受到被诉行政行为侵害，以自己的名义向人民法院起诉；（4）受人民法院的裁判拘束。根据《行政诉讼法》（此为2014年版，已于2017年修订，本案不再作说明）第二十五条的规定，其他与行政行为有利害关系的公民、法人或者其他组织只有与行政行为存在利害关系时才能与行政行为的相对人一样成为行政诉讼的原告，换句话说，若行政行为对公民、法人或者其他组织的权利义务已经或者必将产生“实际影响”，便可认定该行政行为与当事人有利害关系。

对于村民小组是否具备诉讼主体资格，《民事诉讼法》（此为2012年版，已于2017年修订，本案不再作说明）第四十八条第一款规定：“公民、法人和其他组织可以作为民事诉讼的当事人。”其中“其他组织”是指合法成立、有一定的组织机构和财产，但又不具有法人资格的组织。村民小组由村委会根据村民居住状况、集体土地所有权关系等分设，成立合法，拥有独立的土地所有权，符合“其他组织”的要求，具备了诉讼主体资格条件。依据最高人民法院《关于适用〈中华人民共和国民事诉讼法〉若干问题的意见》（已于2015年2月4日废止）第四十条对其他组织进行的界定，即“合法成立，有一定的组织机构和财产，但又不具备法人资格的组织”，视为其他组织。而我国农村的村民小组具有负责人，较为富裕的村民小组还有独立支配的财产和办公机构，因此，村民小组理应属于其他组织而具备民事诉讼主体资格。

最高人民法院在2006年《关于村民小组诉讼权利如何行使的复函》中答复：遵化市小厂乡头道城村第三村民小组可以作为民事诉讼当事人。以第三村民小组为当事人的诉讼应以小组长作为主要负责人提起，由此更加肯定村民小组具有民事诉讼的原告资格。在行政诉讼方面也是如此，村民小组是在行政法律关系中处于被管理者地位的其他组织，具有行政诉讼的原告资格。在涉及农村集体土地被征收的补偿问题和安置方案中，可能会产生村民与土地征收方的矛盾和纠纷，村民小组需要根据实际情况向司法机关或者土地管理部门进行申诉或者行政复议，所以实践中村民小组显然是需要具备相关诉讼主体资格的，否则无法合理地维护自身合法权益。

根据《中华人民共和国土地管理法》（此为2014年版，已于2019年修正）第十条的规定：“农民集体所有的土地依法属于村农民集体所有的，由村集体经济组织或者村民委员会经营、管理；已经分别属于村内两个以上农村集体经济组织的农民集体所有的，由村内各该农村集体经济组织或者村民小组经营、管理；已经属于乡（镇）农民集体所有的，由乡（镇）农村集体经济组织经营、管理。”此处的村民小组是指设立村民委员会的行政村内没有集体经济组织的村民组成的自治组织。《农村土地承包法》（此为2009年版，已于2018年修正）第十二条规定：“农民集体所有的土地依法属于村农民集体所有的，由村集体经济组织或村民委员会发包；已经分别属于村内两个以上农村集体经济组织的农民集体所有的，由村内各该农村集体经济组织或者村民小组发包。”由此可以看出，在农村集体经济组织中，村民小组对相关土地享有使用权和发包权等经营、管理的权利，农村集体土地存在由村民小组管理、经营的情况，所以村民小组在一定情况下可认定为其他组织。村民小组是集体土地的所有权人，依据《行政诉讼法》第二条的规定，认为行政机关侵犯其人身权、财产权合法权益的，公民、法人或者其他组织可以提起行政诉讼。所以对侵害土地所有权的行政行为当然有权提起诉讼。在该案中，A县人民政府作出征收补偿、安置方案的行政行为影响了该村民小组的权益，小王村村民小组当然可以以村民小组为原告向法院提起行政诉讼。

在农村集体经济组织中以村民小组的名义起诉是有受到部分限制的，根据《最高人民法院关于审理涉及农村集体土地行政案件若干问题的规定》第三条的规定，村民委员会或者农村集体经济组织对涉及农村集体土地的行政行为不起诉的，过半数的村民可以以集体经济组织名义提起诉讼。这说明对涉及农村集体土地的行政行为村集体经济组织不起诉的，如果过半数的村民决定提起诉讼，仍然应该以该集体经济组织的名义提起诉讼，即被征地农民个人的意愿应当转化为村农民集体的意愿，以农村集体经济组织的名义对外主张权利，而不能以村民个人的名义提起诉讼。因为，土地是以村民小组为单位的集体所有，村民以土地为生产资料和生活资料的来源，村民小组范围内的村民都是集体所有土地范围内的集体经济组织成员，而且该规定明确了农村集体经济组织的原告资格，村民小组当然能够作为原告对土地的征收行为提起行政诉讼。

本案是征地拆迁补偿纠纷，小王村村民小组独立经营、自我管理，是集体土地的所有权人，本案涉及村民众多，社会影响较大。既然在《民事诉讼法》上，原告可以以村民小组的名义提起诉讼，那么在《行政诉讼法》上村民小组也应具有行政诉讼原告资格，当A县人民政府损害村民小组的权益时，小王村村民小组作为原告向人民法院提起诉讼，人民法院应依法受理并判决，从而维护村民及村民小组的合法权益。

（三）规范性文件在行政诉讼中如何适用

《行政诉讼法》中的规范性文件是指国务院各部门和地方人民政府及其部门所制定的规范性文件，是行政机关针对不特定对象发布的能反复适用的行政规范性文件。

《行政诉讼法》虽然没有将规范性文件作为行政案件裁判依据，但根据《最高人民法院关于执行〈中华人民共和国行政诉讼法〉若干问题的解释》（现已废止）第六十二条“人民法院审理行政案件，可以在裁判文书中引用合法有效的规章及其他规范性文件”的规定，合法的规范性文件也可以在裁判文书中引用。

2004年5月18日发布的《最高人民法院关于审理行政案件适用法律规范问题的座谈会纪要》中指出：“人民法院经审查认为被诉具体行政行为依据的具体应用解释和其他规范性文件合法、有效并合理、适当的，在认定被诉具体行政行为合法性时应承认其效力；人民法院可以在裁判理由中对具体应用解释和其他规范性文件是否合法、有效、合理或适当进行评述。”

2017年第二次修改后的《行政诉讼法》第六十三条规定“人民法院审理行政案件，以法律和行政法规、地方性法规为依据……参照规章”的同时，第六十四条规定，经审查认为国务院各部门和地方人民政府及其部门所制定的“规范性文件不合法的，不作为认定行政行为合法的依据”，亦即，合法的规范性文件可以作为认定行政行为合法的依据。规定性文件的合法性，当事人可以提起附带审查，人民法院也可以根据案件审理需要主动审查。

关于规范性文件主体权限的审查，根据《立法法》规定，第一，对于制定主体没有权限的规范性文件，一般不能作为法律适用依据。但是，对于上位法规定的，不属于制定主体的权限范围的或者上位法应制定但未制定具体办法的，在不损害公共利益和当事人合法权益的基础上，考虑到其符合现实需要等积极意义，不宜否认其制定主体权限不合法而不予适用。第二，制定的主体必须是有委托或授权的。法定的制定主体授权其他主体制定规范性文件的行为，必须有法律明文规定，即法律规定制定主体可以授权其他相关主体制定规范性文件，否则不应肯定其效力。第三，关于制定程序的审查。当前，关于规范性文件的制定程序，目前并没有明确的法律规定可依循，但是可以参照其他相关法律规定，如《行政法规制定程序条例》（已于 2017 年修正）《规章制定程序条例》（已于 2017 年修正）等。如果缺少必要的程序环节，可能影响其科学性、严谨性的，则认定该规范性文件无效。

司法实践中，请求一并审查的规范性文件无论是否合法，都应在裁判理由部分加以阐释。《行政诉讼法》及其司法解释规定，当事人认为“规范性文件不合法”而请求法院一并审查。也就是说，现有规定均是针对行政规范性文件是否合法、有效的。这里的附带审查，只是强调在启动程序上法院不能离开被诉行政行为，而单独受理行政规范性文件的诉讼请求。在受理了对行政规范性文件的一并审查请求后，法院就应当围绕行政规范性文件的合法性进行全面审查。

2018 年《最高人民法院关于适用〈中华人民共和国行政诉讼法〉的解释》第一百四十九条规定，人民法院经审查认为行政行为所依据的规范性文件合法的，应当作为认定行政行为合法的依据；经审查认为规范性文件不合法的，不作为人民法院认定行政行为合法的依据，并在裁判理由中予以阐明。根据这一规定，如果经审查认为作出征收补偿决定所依据的规范性文件具有合法性、有效性且符合合理性和正当性原则的，可以肯定其效力；如果经审查认为作出征收补偿决定所依据的规范性文件不具有合法性的，则不作为认定作出征收补偿决定的合法性依据并须在裁判理由中予以阐明。作出生效裁判的人民法院应当向规范性文件的制定机关提出处理建议，并可以抄送制定机关的同级人民政府、上一级行政机关、监察机关以及规范性文件的备案机关。需要注意的是，规范性文件的引用应限于说理部分，作为判断行政行为是否合法的依据，而不能直接依据规范性文件作出裁判。

在对规范性文件进行审查的时候，作为附带审查的对象，不仅要认定其为规范性文件，还要求该规范性文件必须是所诉行政行为作出的依据。如果该规范性文件不是所诉行政行为作出的依据，也就不是法院所审查的对象。对于附带性审查，必须附着于行政行为，不能单独提起行政规范性文件的合法性审查，如果单独对规范性文件提出审查请求，不仅违背了附带的要求，而且也与行政诉讼受案范围的否定列举相矛盾。在行政诉讼受案范围的否定列举中，将“行政机关制定、发布的具有普遍约束力的决定、命令”排除在受案范围之外，从而体现了规范性文件不可单独提起审查请求的精神。除此之外所诉行政行为本身必须符合受案范围的要求，《行政诉讼法》第十二条对行政诉讼受案范围作了肯定性的列举，而第十三条作了否定性的列举，如果原告所诉行政行为不属于《行政诉讼法》肯定范围内的事项，法院自然不会受理。所谓“皮之不存毛将焉附”，连所诉行政行为都没有被法院审查，也就不会对一并提起的行政规范性文件进行合法性审查。

本案中，《方案》是双方争议焦点，A 县人民政府依照湖南省人民政府《关于公布湖南省征地补偿标准的通知》确定的补偿标准，该通知为规范性文件，人民法院依小王村村民小组的申请依法对该规范性文件进行审查，确认其是否与上位法相冲突，包括是否违反上位法规定的原则或标准，人民法院经审查认为 A 县人民政府依照湖南省人民政府《关于公布湖南省征地补偿标准的通知》合法，则可以作为认定 A 县人民政府确定征收补偿标准合法的依据。

四、本案裁判结果

人民法院经审理认为，××高速公路是国家重点建设工程，被告 A 县人民政府依照湖南省人民政府〔2012〕政国土字第 534 号《农用地转用、土地征收审批单》，按程序规定对原告土地进行征收符合法律规定。本案中，被告A县人民政府2009年通过合法程序确定了A县征地统一年产值标准，其中B乡土地为Ⅳ产值区土地，土地补偿标准为每亩26730元。2010年A县人民政府发布《关于公布A县征地补偿标准的通知》，确定B乡土地为Ⅳ产值区土地，土地补偿标准为每亩26730元。被告A县人民政府在××高速公路（A段）的征地拆迁中，依照湖南省人民政府《关于公布湖南省征地补偿标准的通知》确定的B乡征地补偿标准26730元与A市征地统一年产值标准及征地补偿标准一致。湖南省人民政府《关于公布湖南省征地补偿标准的通知》第二条规定："对国家和省兴建公路、铁路、水利工程等重大基础设施项目的征地补偿标准，省人民政府另有规定的，从其规定。"如果按照湖南省人民政府办公厅《关于全省高速公路征地拆迁补偿标准的通知》中有关"高速公路建设征地补偿标准按年产值标准的中值计算，即一般耕地的土地补偿费和安置补助费之和按16倍计算，其中基本农田按25倍计算"规定，原告小王组的部分土地在被征收前已被修编为建设用地，应按一般耕地的补偿标准计算，即土地补偿费和安置补助费两项费用之和为年产值标准中值的16倍。而按湖南省人民政府办公厅《关于发布湖南省征地年产值标准的通知》确定的D市区水田年产值标准的中值1600元、A县的调整系数0.9计算，一般耕地的征地补偿标准（土地补偿费和安置补助费之和）为23040元，低于被告A县人民政府在××高速公路（A段）的征地补偿标准26730元。因此，被告A县人民政府依照湖南省人民政府《关于公布湖南省征地补偿标准的通知》确定B乡的征地补偿标准为26730元是有利于原告利益的。故被告A县人民政府作出的《方案》并无不当，且未侵害原告小王组的合法权益。原告小王组要求确认《方案》违法并予以撤销，要求判决行政赔偿的诉讼请求没有事实和法律依据，人民法院不予支持，并依照《行政诉讼法》第六十九条之规定，作出如下判决：

（一）驳回原告A县B乡小田村小王村民小组要求确认被告A县人民政府于2012年10月15日作出的《××高速公路（A段）征地拆迁补偿安置实施方案》违法并予以撤销的诉讼请求。

（二）驳回原告要求行政赔偿的诉讼请求。

案例二　建设工程规划行政许可诉讼案

梁　晨　罗晨晨

一、基本案情

原告：李某某，男，苗族，19××年×月×日出生，住湖南省××县××镇××村。

委托代理人：蒋某某，湖南××律师事务所律师。

委托代理人：邓某某，湖南××律师事务所律师。

被告：××县城乡规划局（现为自然资源和规划局，本案不再作说明，以下简称县规划局）。

法定代表人：王某某，局长。

委托代理人：秋某某，××县××法律服务所法律工作者。

第三人：袁某某，男，汉族，19××年×月×日出生，住湖南省××县××镇××村。

委托代理人：刘某某，湖南××律师事务所律师。

第三人：向某某，男，汉族，19××年×月×日出生，住湖南省××县××镇××村。

委托代理人：刘某某，湖南××律师事务所律师。

案由：建设工程规划行政许可纠纷

原告李某某不服被告县规划局建设工程规划行政许可一案，于2011年7月12日向××法院提起行政诉讼，并向法院提交了下列证据材料：

1. 原告及第三人的身份证、户籍资料复印件，证明上述当事人的基本情况。

2. 《土地使用权转让拍卖地块编号示意图》和《国有土地使用权转让合同》，证明××有限公司将其位于××路15号门面地，面积212.64平方米的国有土地使用权转让给原告。

3.《李某某住宅建设道路红线控制图》和《袁某某、向某某住宅建设道路红线控制图》，证明控制图出自被告单位，被告知道原告购买的土地与被告地块相邻的情况。

4. ×规（××××）××号《建设工程规划许可证》，证明被告为第三人颁发了许可证。

该院于2011年7月13日受理后，于2011年7月18日向被告送达了起诉状副本及应诉通知书，并依法组成合议庭。

被告县规划局于2011年7月26日向该院提交了以下证据材料：

1. ××县国土资源局（现为自然资源和规划局，本案不再作说明）与××有限公司签订的《国有土地使用权出让合同》，证明出让人出让给受让人的宗地位于××县××村。

2. ××有限公司（甲方）与第三人袁某某、向某某（乙方）签订的《国有土地使用权转让合同》及本次《土地使用权转让拍卖地块编号示意图》，证明甲方转让给乙方的土地位于××路14号门面地，总面积为144平方米。

3.《袁某某、向某某住宅建设道路红线控制图》。

4. 袁某某、向某某2010年10月25日向县规划局递交的《申请在××开发区滨江路14号门面内建房的报告》《关于资料真实性的承诺书》《私人住宅建设工程规划申请表》及两人的身份证复印件，证明第三人于2010年10月25日向被告申请建设工程规划许可。

5.《建设工程规划许可证》内部会审表、编号为×规（××××）××号的《建设工程规划许可证》，证明被告为第三人核发的《建设工程许可证》及内部审批手续。

6. 被告对第三人《袁某某、向某某住宅建设道路红线控制图》及《建设工程规划许可证》公示照片，证明被告履行了告知义务。

7.《××县××小区在建建筑实测图》，证明原告的土地使用面积减少是由于公共设施挤占所致。

8. 第三人所修建的房屋照片，证明第三人按照《建设工程规划许可证》及受让宗地面积已修建好房子。

第三人在举证期限内提交了如下证据材料：《××县基本建设项目联合审批表》和《××县城乡规划局建设工程放验线通知单》，证明第三人在取得许可证以后，修建房屋手续合法。

随后，该院于2011年8月1日和2011年10月10日公开开庭审理了本案。原告李某某及其委托代理人蒋某某、邓某某，被告县规划局的法定代表人王某某及其委托代理人秋某某，第三人袁某某、向某某及其委托代理人刘某某均到庭参加诉讼。

原告诉称：2008年11月19日，原告与××有限公司签订了一份《国有土地使用权转让合同》，该公司将其位于××路15号门面地，面积212.64平方米，使用年限为45年的土地使用权转让给原告，尔后，××县城乡规划勘测设计院为原告绘制了《李某某住宅建设道路红线控制图》，同年11月26日，被告在图上签署“同意”并加盖了公章。2009年11月2日，第三人袁某某、向某某与××有限公司签订了一份《国有土地使用权转让合同》，该公司将位于××路14号门面地，面积144平方米，使用年限为50年的土地使用权转让给第三人。××县城乡规划勘测设计院为第三人绘制了《袁某某、向某某住宅建设道路红线控制图》，2009年11月15日，被告在该图上签署“同意按此图控制设计建设，有效期六个月”的意见并加盖被告单位行政审批专用章，将原告的68.64平方米土地使用权规划给第三人使用，并于2010年10月15日向第三人颁发了×规（××××）××号《建设工程规划许可证》。综上，被告为第三人颁发许可证，没有依照《中华人民共和国城乡规划法》（此为2007年版，已分别于2015、2019年两次修正，本案不再作说明，以下简称《城乡规划法》）第四十条、《湖南省实施〈中华人民共和国城乡规划法〉办法》（此为2009年版，已于2015年修正，本案不再作说明）第二十五条及《湖南省行政程序规定》（此为2008年版，已于2018年修正）的有关规定依法办理，程序违法，导致将原告68.64平方米的土地使用权规划给第三人使用，侵犯了原告的财产权。请求法院撤销被告为第三人颁发的×规（××××）××号《建设工程规划许可证》。

被告县规划局辩称：首先，被告在为原告和第三人办理建设工程规划许可之前的基础性申请手续时，都是依据他们各自提供的《国有土地使用权转让合同》及所附《住宅建设道路红线控制图》，原告土地使用面积的减少，只能说明原告与第三人实际受让的土地面积之和少于两份转让合同约定的成交面积，此外，不能排除人行道等公共设施挤占部分面积，因此原告土地使用面积的减少并非被告将原告的使用面积规划给了第三人。其次，第三人向被告申请规划许可时，提交了相关法律和被告行政许可运作规程要求的有关材料，被告履行职责予以受理，经正常审查后颁发许可证并进行了公示，因此，被告在实施该项行政许可的过程中并无过错。最后，单凭红线图，并不具有国有土地使用权证书所能确认的土地使用权的效力，原告诉称被告的被诉行政许可侵犯了原告的财产权，明显不当。

第三人辩称：第一，被告为第三人核发的×规（××××）××号《建设工程规划许可证》合法，第三人向被告申请规划许可时，提交了相关材料，被告经审查认为符合发证条件而颁发许可证，无论在程序上还是实体上都是正确的；第二，××有限公司与原告和第三人均签订了《国有土地使用权转让合同》，是否存在重复转让行为，只与转让方有关，与本案被告和第三人无关，且涉及民事法律关系，原告应提起民事诉讼而非行政诉讼。

经庭审质证，该院对证据作了如下确认：

原告提供的1、2、3、4号证据，被告及第三人没有异议，予以采信。

被告县规划局提供的1、2、3、4、5号证据，原告及第三人没有异议，予以采信。

被告的6号证据，原告提出自己并不知情。该院认为，这两份公示照片是被告在其单位公示栏公示第三人的规划许可证和道路控制红线图，客观真实，予以采信。

被告7号证据，原告对证据的真实性没有异议，但对证明的内容有异议。该院认为，被告的7号证据虽然客观真实，但不能证明是公共设施挤占了原告的土地使用面积，不能作为本案定案依据。

被告的8号证据，原告提出自己已按红线图砌了围墙，尽了义务。该院认为，第三人修建房屋是其在许可证颁发以后所为，与本案没有关联性，不予采信。

第三人提供的证据，原、被告均无异议。该两份证据均是第三人获得许可证以后所产生的，与本案没有关联性，不能作为本案定案依据。

根据采信的证据确认以下事实：

2003 年 3 月 24 日，出让人××县国土资源局与受让人××有限公司签订了一份《国有土地使用权出让合同》，将位于××县××村，宗地面积 231450 平方米的土地出让给受让人。2008 年 11 月 19 日，××有限公司与原告签订了一份《国有土地使用权转让合同》，将位于××区××路 15 号门面地转让给原告，合同约定土地面积为 212.64 平方米，2009 年 11 月 2 日，该公司又与第三人签订一份《国有土地使用权转让合同》，将位于××区××路 14 号门面地转让给第三人，合同约定面积为 144 平方米。14、15 号门面地相邻。2008 年 11 月 26 日，××县城乡规划勘测设计院为原告绘制了《李某某住宅建设道路红线控制图》，并加盖被告单位行政审批专用章。2009 年 11 月 5 日，××县城乡规划勘测设计院为第三人制作了《袁某某、向某某住宅建设道路红线控制图》，并加盖被告单位行政审批专用章。2010 年 10 月 25 日，第三人向被告递交《申请在××开发区滨江路 14 号门面内建房的报告》，要求被告为其办理规划许可证，同时提交《国有土地使用权转让合同》、第三人身份证复印件及《关于资料真实性的承诺书》等材料，同日，被告为第三人核发编号为×规（××××）××号《建设工程规划许可证》，次日，被告对第三人建设工程规划许可的相关内容进行了公示。2010 年 11 月 5 日，被告单位内部会审同意为第三人核发《建设工程规划许可证》。

二、争议焦点

纵观全案，主要存在以下争议焦点：

1. 本案是否属于行政诉讼的受案范围？
2. 原被告的诉讼主体资格是否合法？
3. 行政机关的具体行政行为在程序上是否违法？
4. 能否判决撤销行政机关的具体行政行为？

三、学理分析与评析

（一）关于行政诉讼的受案范围

在本案的诉讼过程中，第三人提出××有限公司与原告和第三人签订的《国有土地使用权转让合同》只与转让方有关，与本案被告和第三人无关，本案不是行政诉讼的受案范围。

我国1989年《行政诉讼法》（已于2014年、2017年两次修正，本案不再作说明）第十一条规定的人民法院受理行政诉讼案件的范围包括“申请行政许可，行政机关拒绝或者在法定期限内不予答复，或者对行政机关作出的有关行政许可的其他决定不服的”案件。该法第四十一条还规定，提起行政诉讼应当符合下列条件：原告是认为具体行政行为侵犯其合法权益的公民、法人或者其他组织；有明确的被告；有具体的诉讼请求和事实根据；属于人民法院受案范围和受诉人民法院管辖。

在本案中，被告县规划局作为城市规划行政管理部门，其法定职责包括核发建设工程规划许可证。被告为第三人核发许可证的行为，侵犯了原告李某升的合法权益，原告依照法律规定，有权依照本法向人民法院提起行政诉讼。同时，按照2009年通过的《最高人民法院关于审理行政许可案件若干问题的规定》第一条规定，公民、法人或者其他组织认为行政机关作出的行政许可决定以及相应的不作为，或者行政机关就行政许可的变更、延续、撤回、注销、撤销等事项作出的有关具体行政行为及其相应的不作为侵犯其合法权益，提起行政诉讼的，人民法院应当依法受理。因此本案属于行政诉讼的受案范围，对于原告依法提起的行政诉讼，人民法院依法应予以受理。第三人提出的××有限公司与原告和第三人签订的《国有土地使用权转让合同》只与转让方有关，与本案被告和第三人无关，原告不应提起行政诉讼的观点，于法无据。

（二）关于原被告主体资格的问题

在本案的诉讼过程中，被告提出原告土地使用面积的减少只能说明原告与第三人实际受让的土地面积之和少于两份转让合同约定的成交面积，并非被告将原告的使用面积规划给了第三人，因此原告起诉被告没有道理，换言之原告没有资格起诉被告。被告还提出自己对第三人颁发许可证的行政许可行为并无过错，不应成为本案的被告。

行政诉讼原告是行政诉讼的一方当事人，是认为行政机关和行政机关工作人员的具体行政行为侵犯其合法权益，依法向人民法院提起诉讼，请求人民法院司法保护的公民、法人或者其他组织。根据1989年《行政诉讼法》第二条“公民、法人或者其他组织认为行政机关和行政机关工作人员的行政行为侵犯其合法权益，有权依照本法向人民法院提起诉讼”、2000年《最高人民法院关于执行〈中华人民共和国行政诉讼法〉若干问题的解释》（现已废止，本案不再作说明）第十二条“与具体行政行为有法律上利害关系的公民、法人或者其他组织对该行为不服的，可以依法提起行政诉讼”之规定，结合行政诉讼法的基本法理，通常认为行政诉讼的原告有两种，一种是具体行政行为的相对人，另一种是与具体行政行为有法律上利害关系的人。如何理解“与具体行政行为有法律上利害关系”，张旭勇教授指出，法律上利害关系是公民、法人或者其他组织的合法权益与行政行为之间存在的一种因果关系①；司法解释释义认为，与具体行政行为有法律上利害关系是指行政机关的具体行政行为对公民、法人和其他组织的权利义务已经或者将要产生实际影响②；有学者认为只要个人或者组织受到行政行为的实际的不利影响，只要这种影响通过民事诉讼得不到救济，就应当考虑通过行政诉讼来解决③。因此，“与具体行政行为有着法律上的利害关系”是指行政相对人之外的公民、法人或者其他组织因具体行政行为对与其相联系的实体权利义务产生实际影响，进而致使其与该具体行政行为相关联的合法权益受到侵害的直接联系，而非间接联系。

本案中，原告基于《国有土地使用权转让合同》，取得了涉案部分土

---

① 张旭勇．法律上利害关系新表述——利害关系人原告资格生成模式探析［J］．华东政法学院学报，2001（6）．

② 最高人民法院行政审判庭．关于执行中华人民共和国行政诉讼法若干问题的解释释义［M］．北京：中国城市出版社，2000．

③ 杨小君．中国行政诉讼原告资格：影响与利害关系［J］．上海政法学院学报，2006（4）．

地的使用权，因此被告核发的规划许可证，与原告有法律上的利害关系。原告认为被告为第三人核发《建设工程规划许可证》的行为侵犯了其合法权益，向法院提起行政诉讼的行为符合法律规定，因此李某某具有本案原告的诉讼主体资格。

行政诉讼的被告是指被原告起诉指控侵犯其行政法上的合法权益和与之发生行政争议，而由人民法院通知应诉的行政主体。与民事诉讼、刑事诉讼不同的是，行政诉讼的被告只能是行政机关，且不能是行政机关的工作人员。根据1989年《行政诉讼法》第二十五条之规定，公民、法人或者其他组织直接向人民法院提起诉讼的，作出具体行政行为的行政机关或者法律法规授权的组织是被告。2000年《最高人民法院关于执行〈中华人民共和国行政诉讼法〉若干问题的解释》第一条规定，公民、法人或者其他组织对具有国家行政职权的机关和组织及其工作人员的行政行为不服，依法提起诉讼的，属于人民法院行政诉讼的受案范围。依照1989年《行政诉讼法》及其司法解释的规定，行政诉讼被告适格的主要条件包括：被告属于行政机关或者法律、法规授权的组织；被告的行为性质属于行政行为。本案中，县规划局是××县城乡规划行政主管部门，核发《建设工程规划许可证》是其法定职责，为第三人核发许可证的行为属于具体行政行为，应当作为本案的被告。行政诉讼的条件是对被告作出的具体行政行为不服，而不是被告作出具体行政行为是否存在过错。

（三）关于被告具体行政行为程序违法的问题

在本案的诉讼过程中，原告认为被告为第三人颁发许可证，没有依照《城乡规划法》第四十条、《湖南省实施〈中华人民共和国城乡规划法〉办法》第二十五条及《湖南省行政程序规定》的有关规定依法办理，属于程序违法。

我们认为原告的观点是正确的。首先，根据《城乡规划法》第四十条、《湖南省实施〈中华人民共和国城乡规划法〉办法》第二十五条之规定，建设单位或者个人申请办理建设工程规划许可证，应当持项目批准（核准、备案）文件、使用土地的有关证明文件，以及经审定的建设工程设计方案等材料，需要编制修建性详细规划的，还应当提交修建性详细规划。本案中第三人向被告申请办理建设工程规划许可证时，仅提交了《国有土地使用权转让合同》。被告县规划局在第三人没有提交使用土地的有关证明前置文件的情况下，为其核发建设工程规划许可证显然违反了法律规定。

其次，依照《行政许可法》（《此为2003年版，已于2019年修正》）第四十七条的规定，行政许可直接涉及申请人与他人之间重大利益关系的，行政机关在作出行政许可决定前，应当告知申请人、利害关系人享有要求听证的权利。现有法律对“重大利益关系”虽未作明确界定，但根据通常理解，对相应利害关系人的生产与生活造成严重损害，且违反法律禁止性规定或超过利害关系人必要容忍限度的，应当认定为具有重大利益关系。行政机关在审查和作出此类行政许可时，应告知利害关系人享有陈述、申辩和听证的权利，并听取其意见，否则应视为违反法定正当程序，作出的具体行政行为依法应被撤销。本案中，被告在为原告和第三人制作建设道路红线控制图时就已经知道14、15号门面相邻，被告在为第三人颁发《建设工程规划许可证》时，没有告知有利害关系的原告，因而实际剥夺了原告依法享有的申请听证的权利。

（四）关于行政许可的撤销问题

在本案的诉讼过程中，原告请求法院撤销被告为第三人颁发的×规（××××）××号《建设工程规划许可证》。

根据2000年《最高人民法院关于执行〈中华人民共和国行政诉讼法〉若干问题的解释》第五十八条的规定，被诉具体行政行为违法，但撤销该具体行政行为将会给国家利益或者公共利益造成重大损失的，人民法院应当作出确认被诉具体行政行为违法的判决，但不撤销行政行为。这就说明，法院应当判决确认行政行为违法，但不撤销该行政行为，原行政行为继续有效。

显然，这样的规定并依此规定作出的判决不可能维护原告的合法权益。

2014年修正的《行政诉讼法》第七十条首次在立法层面明确规定，行政行为违反法定程序的，人民法院应判决撤销或者部分撤销，并可以判决被告重新作出行政行为。该法第七十四条还规定："有下列情形之一的，人民法院判决确认违法，但不撤销行政行为：……（二）行政行为程序轻微违法，但对原告权利不产生实际影响的。"2017 年修订的《行政诉讼法》第七十四条仍然维持了这一规定。这说明，现行《行政诉讼法》根据违反法定程序法律效果的不同，将行政行为违反法定程序分为"违反法定程序"和"程序轻微违法"两种情形，并根据不同情况作了区别对待。但司法实践中仍大量存在，将"程序轻微违法"与"程序瑕疵"混为一体的情形，将本应归属于行政行为"程序轻微违法"的情形定性为"程序瑕疵"，或将本应归属于"程序瑕疵"的情形定性为"程序轻微违法"。由此可见，如何区分"程序违法"和"程序轻微违法"的界限，成为行政审判工作的重心。

程序瑕疵意味着在案件事实已经查明的情况下，存在对程序规则的违反的情形，行政程序瑕疵并不必然导致行政行为无效或被撤销。从行政违法行为的法律后果来看，广义的程序违法可以分为程序违法（狭义）和程序瑕疵。前者由于对行政程序的根本性违反而无效或被撤销；后者是对程序的次要性或细节性违反，无须撤销，可以采取补正或转化的方式加以补救①。如何明确二者之间的界限，首先应当对"程序轻微违法"和"对原告权利不产生实际影响"作出准确理解。

1. 行政行为程序轻微违法

行政程序轻微违法以行政行为违反法定程序为前提，且该行为违法程度较轻，尚未达到严重程度。2018 年出台的《最高人民法院关于适用〈中华人民共和国行政诉讼法〉的解释》第九十六条规定："有下列情形之一，且对原告依法享有的听证、陈述、申辩等重要程序性权利不产生实质损害的，属于行政诉讼法第七十四条第一款第（二）项规定的'程序轻微违法'：（一）处理期限轻微违法；（二）通知、送达等程序轻微违法；（三）其他程序轻微违法的情形。"这里仅列举了两种具体情形，以及一项兜底

① 陈莹莹．程序瑕疵与程序公正——江苏省工商局处罚南京市煤气公司行政诉讼案评析［J］．法学，2001（7）．

性的规定。因此，所谓的“程序轻微违法”实际上就是指除技术性瑕疵之外，不涉及重要程序性权利，或虽有涉及但不产生实质影响的程序违法[①]。在我国立法规范中，对“轻微违法”的范围并无具体的规定，因而司法实践中主要还是依据法官的自由裁量权来作出判断。

针对这一问题，笔者通过查阅和整理裁判文书网发布的判决书，归纳总结出以下几种常见的程序轻微违法类型：（1）行政机关不在法定期限内作出行政行为；（2）行政机关超过法定送达期限送达或未送达法律文书；（3）未按法律规定的步骤实施行政行为，其中包括遗漏、颠倒顺序等；（4）法律文书上的说明不合法，其中包括引用已失效的法律条文、法律说理不充分等；（5）法律文书内容和形式不合法。

2. 对原告权利不产生实际影响

“对原告权利不产生实际影响”是指行政机关的行政行为在程序上虽然违反法律规定，但并不会导致实体结论丧失正确性或者存在对实体结论产生影响的可能性。然而，如何区分此类情形，笔者认为还应当考虑如下问题。

首先，程序违法的损害对象，除原告以外，是否包括第三人，即第三人主张行政程序违法能否得到支持。在时永洲诉大连市城市管理行政执法局行政强制一案中，法院认为在执法过程中，第三人并无异议，且积极主动配合被告的执法行为，故拆除决定中未载明陈述和申辩权的行为属轻微违法，但对第三人权利不产生实际影响[②]。可见，司法实践在适用“程序轻微违法”时所考虑的损害对象并不限于原告，还包括第三人，即第三人的合法权益应予以平等保护，行政程序的违法行为不能对第三人的权利产生实际影响。其次，还应当明确权利的范围。但理论界对这一问题存在较大分歧。有学者认为，行政诉讼司法解释确立了“重要程序性权利”的标准，意味着此条中的权利仅指财产权、人身权等实体权利。也有学者认为，“对原告权利不产生实际影响”中的“权利”不仅包括实体权利，还

① 吴敏．论行政诉讼中的“程序轻微违法”——基于与“程序瑕疵”的区分［J］．福建行政学院学报，2018（5）．

② 参见辽宁省大连市中级人民法院（2017）辽02行终547号行政判决书。

应包括听证、回避等程序性权利。对原告程序性权利不产生实际影响的具体表现，可以认为是原告的重要程序性权利没有受到实质性损害[①]。我们认为，不论哪种观点，都承认了确认程序轻微违法的行政程序，均不得对原告的实体权利和重要程序性权利产生实际影响。

四、本案裁判结果

2011 年 10 月 2 日，根据审理查明的事实和法律规定，法院认为，被告提供的用以证明其为第三人核发《建设工程规划许可证》的证据不足，且被诉具体行政行为在程序上违法，应当予以撤销。但鉴于第三人的房屋已修建完毕，撤销该规划许可，将导致第三人的利益遭受重大损失，故依照 1989 年通过的《中华人民共和国行政诉讼法》第五十四条第（二）项第 1、3 种情形、2000 年《最高人民法院关于执行〈中华人民共和国行政诉讼法〉若干问题的解释》第五十八条之规定，作出如下判决：

（一）被告县城乡规划局为第三人袁某某、向某某核发×（××××）××号《建设工程规划许可证》的具体行政行为违法。

（二）本案诉讼费用，由被告负担。

① 陈振宁．行政程序轻微违法的识别与裁判［J］．法律适用，2018（11）．

第二部分　建设工程民商法案例

案例一　建设工程勘察合同纠纷诉讼案

朱再飞　蒋益群

一、基本案情

2016年8月8日，A冶金勘察公司与B光伏有限公司签订《建设工程勘察合同》。合同约定：由A冶金勘察公司对B光伏有限公司的YY镇槐树村10MWp渔光互补光伏发电项目岩土工程进行详细勘察；地点在H省××县YY镇槐树村；工程规模、特征为：规划在槐树村320亩的鱼塘布置太阳能电池组件，选用260Wp的多晶硅光伏组件，共安装光伏组件42240块，容量为10.973MWp。同时约定：勘察工程采取固定总包干形式，包干价为150000元，自勘察人提交勘察成果报告经发包人验收合格后10日内，由发包人向勘察人一次性结清全部工程款；自勘察人提交勘察成果报告后，发包人在30日内组织验收工作，逾期未组织验收，视为勘察人提交勘察成果报告合格；发包人未按合同规定时间支付勘察费，每超过1日，按逾期金额以同期银行逾期付款罚息的比例向承包人支付违约金。

A冶金勘察公司本应按合同约定于2016年9月9日提交勘察报告，但直到2016年11月1日，在逾期53天后A冶金勘察公司才向B光伏有限公司提交了《B光伏有限公司YY镇槐树村10MWp渔光互补光伏发电项目岩土工程详细勘察报告》，B光伏有限公司在合同约定的30日验收期内未对勘察报告的质量问题提出任何异议，并且进行了项目的设计、施工等作业，一直到该项目已基本竣工，B光伏有限公司不仅未曾支付任何费用，反而以勘察质量有问题造成工程量增加和逾期提交勘察报告为理由拒付勘察费。

2018年1月12日，A冶金勘察公司为维护自身合法权益，向××县人民法院提起民事诉讼，请求法院判令被告向原告支付合同价款158625元、支付违约金8790.47元，其中8625元为B光伏有限公司因额外增加工程量所应多支付的工程款。其事实与理由为：A冶金勘察公司认为其已按照双方合同的约定完成了项目的勘察任务，并向B光伏有限公司提交了勘察成果报告，B光伏有限公司应向A冶金勘察公司一次性付清全部勘察款，但B光伏有限公司以各种由头不支付勘察费，其行为已构成违约。2018年4月12日，B光伏有限公司提出反诉，请求××县人民法院依法判令A冶金勘察公司赔偿B光伏有限公司经济损失91112元。其事实与理由为：A冶金勘察公司与B光伏有限公司于2016年8月8日签订《建设工程勘察合同》，根据合同约定，A冶金勘察公司应对其提交的勘察报告的质量负责，如果因为其提交的勘察报告质量不合格而导致发包人重大损失时，勘察人应按照合同约定承担相应责任；在A冶金勘察公司向B光伏有限公司提交勘察报告后，设计单位根据报告进行了施工图纸设计，在项目施工过程中，B光伏有限公司、施工方多次发现地勘报告与实际不符，存在严重误差，为此多次要求A冶金勘察公司给予解决，但对方始终置之不理，无奈，被告为了保证项目工程进度及质量，根据实际变更工程量，多支出工程款91112元，按照合同约定，A冶金勘察公司应承担因地勘质量造成被告经济损失的赔偿责任。

二、争议焦点

本案系一起建筑工程勘察合同纠纷，根据《建设工程质量管理条例》（此为2017年版，已于2019年修正）第三条规定，建设单位、勘察单位、设计单位、施工单位、工程监理单位依法对建设工程质量负责。根据双方当事人的诉辩陈述和审理查明的事实，合议庭归纳本案的焦点为：

1. A冶金勘察公司出具的岩土工程勘察成果报告是否已被B光伏有限公司验收？

2. A冶金勘察公司提出的变更工程价款这一请求是否有合法依据？

3. 违反《建设工程勘察合同》，双方应分别承担什么责任？

三、学理分析与评析

（一）岩土工程勘察成果报告的验收合格以合同约定为准

岩土工程勘察报告是指由建设单位委托勘察设计单位对某一工程进行勘察，在勘察工作结束后，把取得的野外工作和室内试验的记录和数据以及搜集到的各种直接和间接资料进行整理分析、检查校对、归纳总结后作出的建筑场地的工程地质评价①。对岩土工程勘察成果报告进行验收是对勘察人工作成果的检验，勘察报告是发包人进行建筑图纸设计和建筑施工的基础，勘察报告是否合格对整个工程的质量具有重要的影响。

发包人对勘察人提交的岩土工程勘察成果报告的验收可以从以下几个方面着手：（1）勘察报告是否符合国家规定的勘察深度要求，岩土工程勘察可以分为甲、乙、丙三级，每一级勘察所要求的研究深度和技术精确度等存在层次上的高低，甲级岩土工程勘察是要求最高的一级，它除了按照乙级岩土工程勘察外，还要对一些必要的高难度问题进行专门的细致研究，确保工程建设的安全；（2）勘察报告是否按照真实测量数据、工程目的与要求、勘察记录的岩土特征等真实情况编写以及是否符合格式要求；（3）勘察报告是否结构合理、内容俱全、图文结合、表述规范、结论可靠、建议合理以及能够准确反映地层结构和岩土物理力学性质，地基的稳定性、均匀性和承载力，其文字、术语、数字、标点、符号、计量单位、代号是否符合国家的有关标准；（4）勘察报告是否符合当事人双方的合同约定。

本案中的《建设工程勘察合同》第5.1.7条约定："勘察人提交正式勘察成果报告后，发包人应在勘察人提交报告之日起算，在30日内组织验

① 刘忠玉．工程地质学［M］．北京：中国电力出版社，2007：236.

收勘察成果报告的工作，逾期未组织验收工作的视为勘察人提交的勘察成果报告合格。”A 冶金勘察公司虽然逾期了 53 天才提交勘察成果报告，但 B 光伏有限公司在接受勘察报告后，在 30 日内未对该报告提出异议，并且按照勘察报告进行项目的设计、施工等作业，因此根据《中华人民共和国合同法》（现已废止）的意思自治原则和依合同履行义务原则，岩土工程勘察报告验收合格的认定依据为双方合同的约定，A 冶金勘察公司提交勘察成果报告理应视为验收合格。

（二）工程价款按照合同约定的固定总价支付

工程变更价款是指由于工程变更而引起的工程价款的变化。在岩土工程勘察项目中，发包人对项目的扩大或者缩小以及项目要求的改变和勘察人在实际勘察过程中项目难度增加等都会引起工程的变更，进而导致工程价款变更，而工程价款的变更经常使得发包人与承包人在工程变更价款上发生争执，双方意见不能统一，因此，当事人之间或者国家审判机关对工程变更价款的确认以及正确运用法律解决相关纠纷就变得十分重要。

工程变更价款一般都是由工程变更引起的，工程变更主要包括施工条件变更、工程量变更、工程项目变更以及进度计划变更等。工程价款变更必须按照一定的程序进行：（1）承包人在工程变更确定后 14 天内，可提出变更涉及的追加合同价款要求的报告，经发包人确认后相应调整合同价款，如果承包人在双方确定变更后的 14 天内，未向发包人提出变更工程价款的报告，视为该项变更不涉及合同价款的调整；（2）发包人应在收到承包人的变更合同价款报告后 14 天内，对承包人的要求予以确认或作出其他答复，发包人无正当理由不确认或答复时，自承包人的报告送达之日起 14 天后，视为变更价款报告已确认；（3）发包人确认增加的工程变更价款作为追加合同价款，与工程价款同期支付。发包人不同意承包人提出的变更价款，按合同约定的争议条款处理。

本案中，根据 A 冶金勘察公司与 B 光伏有限公司签订的《建设工程勘察合同》的第 4. 2. 2 条：“合同价格确定：按照预算结合现场的实际情况，该工程采取固定总价包干形式，包干价为 150000 元整（固定包干价不包括土地征用、青苗树木赔偿、清理项目中障碍物、解决对周围群众的影响及影响施工正常进行的各种其他问题等）。”可知，双方就岩土工程勘察工程款采用固定总价的包干形式，签订的是一个固定总价合同。双方在合同中既然约定了岩土工程勘察价款采用固定总价形式，A冶金勘察公司要求B光伏有限公司还需另外支付超出固定总价150000元的8625元的变更价款，就违背了合同的约定，没有事实与法律依据。此外，A冶金勘察公司向法庭提交的证据即《工程现场签证单》，系该公司单方制作，没有B光伏有限公司的盖章确认，并且该签证单上所涉勘察项目与本案争议所涉勘察项目不同，故不能作为主张支付变更合同款的依据。因此，本案的岩土工程勘察价款应按照合同约定的固定总价进行结算。

（三）双方均应按照《建设工程勘察合同》的约定承担法律责任

本案中，A冶金勘察公司与B光伏有限公司于2016年8月8日签订《建设工程勘察合同》，该合同符合合同生效的各个要件，双方公司都是合格的民事主体且意思表示真实，因此该合同依法受到法律的保护，对双方当事人都具有法律约束力。

根据双方签订的《建设工程勘察合同》第4.1.1条约定：“本工程的勘察工作定于2016年8月9日开工，2016年9月9日提交勘察报告。由于发包人或勘察人的原因未能按期开工或提交勘察报告时，按本合同第六条规定办理。”可知A冶金勘察公司的主要合同义务是按时进行勘察和提交勘察报告，但实际上A冶金勘察公司是在2016年11月1日才向B光伏有限公司提交岩土工程勘察报告，比合同约定的提交日期晚了53天，该行为属于不适当履行。合同的不适当履行是指当事人一方履行合同义务不符合合同的约定或者违背合同目的，主要包括迟延履行、瑕疵履行、部分履行、其他的不适当履行①。因此A冶金勘察公司依照法律的规定和合同的约定，应当承担违约责任。A冶金勘察公司提交的勘察成果报告因B光伏有限公司未在30日内对该报告提出异议而视为验收合格，但并不能免除其应承担的违约责任。

根据双方签订的《建设工程勘察合同》第4.2.3条约定：“发包人对

① 田侃，王艳翚．民商法概论［M］．南京：东南大学出版社，2014：158.

勘察人提交的勘察报告验收合格后10天内，向勘察人一次性支付全部勘察费（采用银行承兑汇票或银行转账方式支付）。”可知，B光伏有限公司的主要合同义务是在勘察成果报告验收合格10天内一次性结清全部工程款。然而，B光伏有限公司在接受勘察成果报告后，在30日内未对该报告提出异议，并且开始进行项目的设计、施工等作业，此行为根据双方签订的合同的约定应视为提交的勘察成果报告验收合格，但B光伏有限公司一直都没有支付工程款，该行为属于合同的不履行。合同的不履行是指在合同约定的义务履行期限到达时，义务人没有正当理由拒绝履行或者因为自身原因或者其他原因而无法履行义务。A冶金勘察公司多次向B光伏有限公司口头、书面催收，但B光伏有限公司总以种种理由不付款，且又没有客观情况所导致的履行行为无法实现的情形，因此属于拒绝履行，B光伏有限公司的行为已经违反了双方合同的约定，构成严重违约，应该承担相应的违约责任。

（四）本案延伸分析：建设工程勘察报告的验收标准

本案是一宗因为建设工程勘察而引起的合同纠纷，其典型意义在于：

本案的涉案主体十分明确。根据2000年颁布的《建设工程勘察设计合同管理办法》第四条规定可知，勘察合同中主要主体一方是发包人，即为建设单位或项目管理部门，可以是法人或者自然人。另一方是持有建设行政主管部门颁发的工程勘察设计资质证书、工程勘察设计收费资格证书和工商行政管理部门核发的企业法人营业执照的工程勘察设计单位。

其一，关于建设工程勘察设计企业资质管理制度，我国法律、行政法规以及大量的规章均作了十分具体的规定。依据我国法律规定，专门的勘察单位必须具备法人资格，任何其他组织和个人均不能成为勘察单位。这不仅是因为建设工程项目具有投资大、周期长、质量要求高、技术要求强、事关国计民生等特点，还因为勘察设计是工程建设的重中之重，影响整个工程建设的成败，因此一般的非法人组织和自然人是无法承担的。其二，建设工程勘察单位须持有工商行政管理部门核发的企业法人营业执照，必须持有建设行政主管部门颁发的工程勘察资质证书、工程勘察收费资格证书，而且应当在其资质等级许可的范围内承揽建设工程勘察、设计业务。超越其经营范围订立的建设工程勘察合同为无效合同。因为建设工程勘察业务需要专门的技术和设备，只有取得相应资质的企业才能经营。

根据工程建设的需要，工程勘察包括工程测量、岩土工程勘察、水文地质勘察、地球物理勘探。其中岩土工程勘察与其他几种勘察相比，其主要针对地基基础的稳定性、岩土体或岩土材料的工程性状进行勘察。国家规定，高难度或复杂的工程以及公益建设项目等都要进行岩土工程勘察，可见这是一种普遍的工程建设需要。各项工程建设在设计与施工之前，必须按基本建设程序进行岩土工程勘察。岩土工程勘察是工程规划、设计和建设的前提和基础性工作，在工程建设过程中具有十分重要的地位，岩土工程勘察的目的是查明拟建场地的地质情况，给出基础类型建议、地基承载力特征值等，为工程的规划、设计和建设提供依据及指导，促使工程建设能够充分利用有利条件，排除不利条件，为工程施工的顺利进行提供有力的保障。

勘察人对其承包项目进行精确详细的地质岩土勘察，根据测量数据以及对各种原始资料的规范整理、正确分析，编写岩土工程勘察报告，形成勘察的最终成果。而勘察报告提交给发包人，就会涉及勘察报告的验收问题。关于勘察报告符合什么标准才视为验收合格，我国目前的法律规定还不够完善和具体。有些学者认为从实质上讲岩土工程勘察报告应正确反映负责项目的地质情况、探明不良地质与优良地质、数据完整精确、资料齐全、建议合理可靠。有些学者则注重岩土工程勘察报告在形式上的要求，当然也有主张二者相结合的。诚然，社会主义市场经济国家的岩土工程勘察标准都是不分行业的，技术标准统一。这有利于建立统一的岩土工程大市场，有利于人才流动，有利于消除技术壁垒，促进岩土工程技术的发展。但在我国，由于历史原因，形成了特有的技术标准行政化分割的局面。在技术全球化的今天，这种现状是岩土工程进一步发展的障碍，需要逐步加以解决。除了一些具体工程特点之外，应该将许多共同性的勘察要求和基本原则进行统一规定。此外，勘探方法、原位测试、土工试验、资料分析评价等都是带有共同性的技术方法。应该按照国家标准规定的基本要求、行业标准着重行业特色的原则来处理好国家标准与行业标准的关系。因此，建议吸收各个有关行业的专家参加国标的修订编制工作，以更广泛地吸取各个行业的勘察经验，同时开展对各个行业标准的比较研究，使国标的规定更好地符合各个行业的情况。

四、本案裁判结果

依照《中华人民共和国合同法》（现已废止）第六十条、第一百零七条、第一百零九条、第一百一十四条、第二百八十条，《中华人民共和国民事诉讼法》第一百四十条，《最高人民法院关于适用〈中华人民共和国民事诉讼法〉的解释》（此为2015年版，已于2020年12月修正）第九十条、第一百二十一条第一款之规定，法院最终判决结果为：

（一）判决B光伏有限公司在判决生效后10日内向A冶金勘察公司支付勘察费142050元〔150000元－7950元（7950元为A冶金勘察公司因逾期53天提交勘察成果报告而按合同约定所应减收的勘察费：150000元×0.001×53天）〕及逾期付款违约金，逾期付款违约金自2016年12月11起按年利率4.75%的标准计算至实际清偿日止。

（二）驳回A冶金勘察公司的其他诉讼请求。

（三）驳回B光伏有限公司的反诉请求。

案例二　建筑工程施工合同纠纷诉讼案

陈　军

一、基本案情

A 实业有限公司（以下简称 A 公司）是经××省建设厅（现为住房和城乡建设厅，本案不再作说明）登记注册的房地产开发经营企业。2002 年 4 月 28 日经××市发展计划委员会同意取得原由××市湘北房土地开发公司经营的位于××市××区五里乡南津村的“湘×园”住宅小区开发项目，于 2002 年 4 月 29 日经××市××区发展计划委员会（现为国家发展和改革委员会，本案不再作说明）批准基建立项，并分别于 2004 年 3 月 17 日和 5 月 25 日取得《国有土地使用权证》和《建设用地规划许可证》。2004 年 9 月 18 日，××市湘北房土地开发公司湘×园项目部与 B 建筑基础有限公司（以下简称 B 公司）签订了一份基础工程承包合同，约定将湘×园商住楼 1～3 栋包括打桩在内的基础工程交由 B 公司施工，B 公司指派李某为该项目负责人。双方对承包方式、工程质量、工期、价款等均进行了约定。2005 年 6 月 21 日，B 公司完成 1#、2#、3#楼的基础工程后，湘×园项目部与 B 公司又就该项目 4#、5#楼的基础工程和付款方式签订了一份补充协议，双方均无异议，本案争议源于其中 1#楼基础打桩工程质量。

B 公司基础打桩工程施工完毕后，A 公司于 2005 年 12 月 9 日委托××市 G 工程管理局下属的建筑材料质量检测所对 1#楼桩基础 450 根桩中的 17#、206#、308#桩进行了静载试验，试验结果为单桩承载力为 220 kN，符合设计要求，A 公司还于 2006 年 3 月 15 日委托 C 物探公司对 1#楼 450 根桩中的 45 根进行了低应变动力检测，该公司对桩身完整性进行了检测，结论为优质桩 17 根，良好桩 23 根，合格桩 4 根，不合格桩 1 根，合格桩以上的 44 根桩符合单桩竖向承载力满足设计要求，并声明只对检测桩负责，该检测结果与其后开挖检测结果不符。但是 A 公司向两检测单位提供的检测桩数量均不够，既未能达到低应变动力检测的行业标准即检测桩占总桩 20%，也未达到静载试验行业标准要求的数量。

2006 年 1 月 25 日 F 建筑工程公司在 1#楼房屋报建手续不全，在未取得施工许可证的情况下进场进行主体施工。

在该工程完工后半年，2007 年 9 月 A 公司发现 1#楼架空层内伸缩缝处墙体出现斜裂纹、27 轴立柱被水平剪断、东单元基础下沉、楼房整体向南倾斜等严重质量问题。险情出现后，××市建工局组织有关专家召开了现场会议，决定对 1#楼采取加固处理。2007 年 10 月 21 日，××有色基础工程公司进场进行基础加固处理，因为 A 公司加固费用没有及时到位，导致加固工作没有如期进行。2007 年 11 月底，该楼东单元已向南倾斜 17cm、沉降差 12 cm，基础仍在不断下沉，已失去利用价值。2007 年 12 月 3 日，经有关部门研究决定，A 公司将该楼东单元予以拆除。

另查明，该基础工程由不具有相应资质的 D 设计院承揽地质勘察，由 E 设计院承揽工程设计，但该设计未完全根据勘察成果进行。

该建筑工程质量事故经法院委托××市 G 工程管理局进行事故原因鉴定，并于 2008 年 4 月 7 日召开了专家听证会，查明该楼房出现质量事故的直接原因为桩基大量存在颈缩、断桩等严重缺陷，承载力达不到设计要求。

该事故造成的经济损失为：①直接经济损失，主体工程造价为 607200 元，基础造价 65348 元，加固费用开支 142710 元，加固费用 B 建筑基础有限公司已支付了 20000 元，C 物探公司已支付了 32000 元。②间接经济损失，1 栋东单元 12 套房屋已拆除，A 销售后不能交房，应支付利息 78650. 42元，违约金 288625 元，未拆除部分因行业监管部门不允许原告出售，但 A 公司已出售，应付不能交房利息 90458. 23 元，违约金 331956 元，第 2 栋因第 1 栋出现质量事故后，G 工程管理局规定原告 6 个月观察期内不准出售，但 A 公司已销售不能交房应付利息 84526. 56 元，违约金 310188 元。

还查明，A 公司在开发湘×园商住楼时未办理受监手续，未领取施工许可证，也未办理商品房预售手续。在建筑过程中，××市 G 工程管理局于2006年3月21日、6月1日分别下达停工通知书，8月10日作出了行政处罚决定书，要求停工整顿，但A公司仍在继续组织施工。G工程管理局于2006年3月20日、5月30日分别作出的整改通知书、停工通知书没有证据证明已送达原告，且G工程管理局在行政处罚决定书中也未提及该两份通知书。

××省建设厅（现为住房和城乡建设部，本案不再作说明）×建函〔2007〕81号《关于对湘×园1#商住楼质量事故直接责任单位B建筑基础有限公司的行政处罚建议的复函》认定本案各涉案单位责任分别为：

A公司将建设工程发包给不具有相应资质等级的勘察单位进行勘察，未取得施工许可证擅自开工建设，未按规定实行工程监理，对不合格建筑工程按照合格工程验收。

B公司不按照施工技术标准施工，造成建设工程不符合质量标准，情节严重。

D设计院未取得相应勘察资质承揽该工程。

E设计院未根据勘察成果文件进行设计。

F建筑工程公司不按设计图纸施工，情节严重。

证明上述事实的主要证据有：××省建设厅×建函〔2007〕81号《关于对湘×园1#商住楼质量事故直接责任单位B建筑基础有限公司的行政处罚建议的复函》、××市发展计划委员会《关于同意“湘×园”建设项目立项的批复》《关于变更“湘×园”项目法人的批复》、××市××区计划发展委员会《关于A实业有限公司〈申请“湘×园”项目基建计划报告〉的批复》、基础工程《合同书》及协议、《关于“湘×园”1#商住楼进行加固处理及事故原因分析会议》的纪录、××市建工局××区分局建设工程质量安全监督办公室《“湘×园”1号商住楼质量事故鉴定报告》、××市××区建设局（现为住房和城乡建设局，本案不再作说明）〔2006〕32号《关于对湘×园住宅小区违法违规工程的处罚决定》、××市×建查停字（2006）第11、13号《查处违法违规建筑工程停工通知书》、A公司《关于申请湘×园小区1#楼东单元拆除重建的报告》、××市G工程管理局建筑材料质量检测所05－12－20《桩基础静载试验报告》、C

基础工程检测站湘物检字（2006）0318号《基桩低应变动力检测报告》、〔2007〕湘字第20071019号湘×园一号楼加固工程《合同》《房屋销售合同》等相关证据。

二、争议焦点

本案系一起建筑工程质量纠纷，根据《建设工程质量管理条例》（此为2000年版，已于2017、2019年两次修订，本案不再作说明）第三条规定，建设单位、勘察单位、设计单位、施工单位、工程监理单位依法对建设工程质量负责。根据各方当事人的诉辩陈述和审理查明的事实，合议庭归纳本案的焦点为：

1. 如何确认责任承担主体？
2. 如何确定本案的损失？
3. 各责任主体分别应承担什么责任？

三、学理分析与评析

（一）关于责任主体的确定

根据××省建设厅×建函〔2007〕81号《关于对湘×园1#商住楼质量事故直接责任单位B建筑基础有限公司的行政处罚建议的复函》，本案各涉案单位责任分别为：建设单位A公司将建设工程发包给不具有相应资质等级的勘察单位进行勘察，未取得施工许可证擅自开工建设，未按规定实行工程监理，对不合格建筑工程按照合格工程验收。基础部分施工单位B公司不按照施工技术标准施工，造成建设工程不符合质量标准，情节严重。主体工程施工单位F建筑工程公司不按设计图纸施工，情节严重。勘察单位D设计院未取得相应勘察资质承揽该工程。设计单位E设计院未根据勘察成果文件进行设计。上述单位在本案中均存在违法行为，依法应对该建设工程质量承担相应民事赔偿责任。作为建筑工程质量主管部门，在没有相反证据否定其结论的情形下，其对各责任主体的责任认定应该作为证明事故主体责任的证据予以采信。此外，A公司起诉提出，静载检测单位G工程管理局建筑材料质量检测所和低应变动力检测单位C物探公司提供的检测结果错误，也应承担相应责任。根据审理查明的事实，G工程管理局系根据与A公司的合同进行静载检测，没有证据证明其静载检测的结论存在误差，故不应当承担违约责任。而C物探公司根据与A公司的合同进行动载检测，但其检测结论出现重大误差，给建设单位继续施工提供了错误信息，应承担相应的违约责任。A公司起诉还主张被告胡某、李某、周某、李某雄、李某凯应承担责任，经查，胡某、李某、周某、李某雄、李某凯是F公司的施工人员，不是直接责任主体，不承担赔偿责任。

（二）关于本案损失的确定

A公司起诉主张的经济损失包括主体造价、基础造价、加固费用等直接经济损失和房屋降价损失以及逾期交房的利息损失等间接损失。法院审理认为，对于直接损失中主体造价损失部分，因各责任单位均未提出相反证据，故对原告主张的数额应予认定；直接损失中基础造价和加固费用部分均应该按照实际工程量计算和实际开支计算，对其中原告没有证据，被告方又不予认可的部分应当予以剔除。对于间接损失部分，A公司主张应由各被告赔偿不能按期交房应该支付购房户的利息和违约金，法院审查认为，该部分损失确因逾期交房引起，但根据合同的相对性，责任主体是A公司，在诉讼期间该损失实际尚未发生，而且逾期交房的主要原因是A公司未按照法律规定进行房地产开发，未取得预售许可即进行销售，该损失属于A公司违法行为导致的扩大损失，故不应计入本案的损失范围。因此，本案的实际损失仅为：主体工程造价为607200元，基础造价65348元，加固费用开支142710元。合计为815258元。

（三）关于责任的分担

本案各责任主体承担责任的范围应该根据其在签订和履行合同中的过错大小及与损失的因果关系来确定。其中：

对于基础部分造价损失65348元，B公司不按技术规范施工，造成桩基存在大量断桩、缩颈桩，是导致承载力达不到设计要求的主要原因，应对基础部分造价损失承担主要赔偿责任，法院酌定为70%，即45743.6元；A公司违法聘用无资质勘察单位勘察，没有施工许可证即进行施工，不组织验收，疏于管理，应承担次要责任，法院酌定为 20%，即 13069.6 元；D 设计院没有资质承揽勘察业务，导致勘察结论误差，影响基础施工工艺，应承担相应责任，法院酌定为 5%，即 3267.4 元；E 设计院未根据勘察结果进行设计，导致基础工程与地质条件不符，也是影响基础工程质量的原因，也应承担过错责任，法院酌定为 5%，即 3267.4 元。

对于加固费用损失 142710 元，虽然加固工程没有如期实施，但已经支付的费用应该由各责任主体分别承担。如前文所述，B 公司的行为是导致增加基础加固费用的直接原因，应承担主要损失，法院酌定为 60%，即 85626 元；A 公司基于前述原因承担疏于管理责任，法院酌定为 30%，即 42813 元；C 物探公司监测结果重大失误，也是导致进行加固的原因之一，也应承担部分责任，法院酌定为 10%，即 14271 元。

对于主体造价损失 607200 元，A 公司不按照法律规定建设工程，在基础竣工后不组织验收即组织上部施工，尤其是在主管单位明确要求整改停工时仍不执行，未及时支付加固费用等行为是导致建筑最后被拆除的主要原因，应对该部分损失承担主要责任，法院酌定为 60%，即 364320 元；B 公司基于前述原因的行为是导致建筑物被拆除的次要原因，应承担部分责任，法院酌定为 20%，即 121440 元；F 建筑公司作为施工单位不按照图纸施工，在没有施工许可证的情况下违规进行地上施工，是导致损失扩大的原因，也承担建筑物被拆除的相应责任，法院酌定为 15%，即 91080 元；C 物探公司的检测失误，为 A 违法进行地上建筑提供了错误信息，也是导致损失扩大的原因之一，应承担责任法院酌定为 5%，即 30360 元。

（四）本案的特点

本案是一宗因为建设工程施工质量引起的赔偿纠纷，其典型特点在于：

1. 涉案主体广。从建设单位到勘探、设计、基础施工、检测、主体施工、实际施工人、监管单位，可以说几乎建设工程所涉及的单位均成为本案的诉讼主体。

2. 导致工程质量的原因复杂。既有建设方违规发包，疏于管理，违法销售房屋；又有施工单位违规施工，偷工减料；还有勘探单位无资质勘探，设计单位不按勘探地质条件设计；再有检测单位违规检测，提供错误信息，导致错误施工，可以说包括了建设工程施工合同违法违规违约的各种典型情形。

3. 处理难度大。建设工程承包合同无论是勘探、设计还是施工，均属于承揽合同的范畴，按照合同相对性原理，在出现工程质量问题后，各方应该按照合同约定追究违约方的违约责任则可。但本案的工程质量并非某一个主体一家的违约造成，而是每个参与主体均有违约行为，建设方自身还存在居多过错，如果按合同一个个起诉，会形成多个连环诉讼，既增加当事人诉累，也不利于裁判标准的统一，故只能参照侵权责任的规定，作一案起诉，然后按照各个承揽合同的约定、违约方的过错、主管部门的专门意见及违约行为对造成建筑物质量问题的原因来综合评述，分担各方的责任，一次性解决问题。

四、本案裁判结果

根据审理查明的事实和法律规定，依照《合同法》（现已废止）第二百五十一条、第二百六十二条，《中华人民共和国建筑法》（此为 1997 年版，已于 2011 年、2019 年修正）第七条、第十三条、第二十六条，《建设工程质量管理条例》第三条、第十八条第一款、第十九条、第二十一条、第二十八条、第五十八条、第六十三条第一款（一）（二）项、第二款、第六十四条，《中华人民共和国民事诉讼法》（此为 2007 年版，已于 2012 年、2017 年两次修正）第一百五十三条第一款（三）项之规定，法院最终判决结果为：

（一）由 B 公司赔偿 A 公司损失共计 252809. 6 元（除去已支付的加固费 20000 元，还应支付 232809. 6 元）；

由 D 设计院赔偿 A 公司损失共计 3267. 4 元；

由 C 物探公司赔偿 A 公司损失共计 44631 元（除去已支付的加固费 32000 元，还应支付 12631 元）；

由 E 设计院赔偿 A 公司损失共计 3267. 4 元；

由 F 建筑公司赔偿 A 公司损失共计 91080 元。

上述给付义务应在本判决生效后十日内履行完毕。

其余损失由被上诉人A公司自负。

（二）被告G工程管理局、胡某、李某、周某、李某雄、李某凯不承担赔偿责任。

（三）驳回A公司的其他诉讼请求。

该案判决后各方当事人均已服判息诉。

案例三　建设工程价款结算纠纷仲裁案

陈建军　刘　涛

一、基本案情

申请人：刘某某，男，汉族，19××年×月×日出生，住址湖南省××县××镇××村。

委托代理人：姜某某，湖南××律师事务所律师。

被申请人：××有限公司，住所地湖南省××市经济开发区××路××号。

法定代表人：杨某，该公司董事长。

委托代理人：付某某，男，汉族，19××年×月×日出生，系该公司员工，住址湖南省××市××区××小区。

委托代理人：陈某，男，汉族，19××年×月×日出生，系该公司员工，住址湖南省××市××县××镇××村。

案由：建设工程价款结算纠纷

申请人刘某某（以下简称申请人）2017年7月1日以湖南××建设有限公司（以下简称××建设公司）与被申请人××有限公司（以下简称被申请人）之间签订的《装修工程施工合同》和《装饰安装工程施工补充合同》的实际施工人的身份，就其与被申请人的装修工程价款结算纠纷向××仲裁委员会申请仲裁，××仲裁委员会根据××建设公司与被申请人于2012年8月30日签订的《装修工程施工合同》中的仲裁条款，以及申请人提交的《仲裁申请书》，于2017年7月20日受理了申请人与被申请人之间的建设工程价款结算纠纷一案。

根据《××仲裁委员会仲裁规则》（以下简称《仲裁规则》）的规定，本案适用普通程序。申请人选定李某为本案仲裁员，被申请人未选定仲裁员。申请人与被申请人在《仲裁规则》规定的时间内未共同选定首席仲裁员。根据《仲裁规则》的规定，××仲裁委员会主任吴某某指定陈某某担任本案仲裁员，指定刘某担任本案首席仲裁员，与上述申请人选定的仲裁员一起组成仲裁庭，审理本案。

2017年8月7日，被申请人以申请人与被申请人未达成任何仲裁协议、申请人的仲裁请求不符合《仲裁法》（此为2009年版，已于2017年修正，本案不再作说明）规定的受理要求为由，向仲裁庭提交仲裁管辖异议。2017年8月8日仲裁庭经审查，认为被异议人（即本案申请人）既是上述《装修工程施工合同》和《装饰安装工程施工补充合同》的实际施工人，又是上述《装修工程施工合同》的权利义务受让人，异议人（即本案被申请人）与被异议人之间的工程价款结算纠纷理应按上述《装修工程施工合同》约定的仲裁条款来解决，故仲裁庭以×仲决定字（2017）8号决定书驳回了异议人的仲裁管辖异议。

仲裁庭在审阅了申请人提交的《仲裁申请书》、有关证据材料并在庭前听取被申请人的口头答辩后，于2017年8月9日开庭审理本案。

申请人述称：2012年8月30日，××建设公司与被申请人签订的《装修工程施工合同》，约定由××建设公司承接被申请人办公楼整体装修改造内部装饰项目。2012年9月10日，申请人与××建设公司签订了《内部项目责任承包合同书》，合同约定对工程内容实施全过程的工、料、机及安全、质量、施工、工期、经济、行政、民事责任等由申请人大包干负责。即××建设公司将该项目的所有权利和义务全部转让给了申请人，申请人同时也是该项目的实际施工人。在实际施工过程中，被申请人增加了部分工程（《装修工程施工合同》中第五条工程价款中约定：本合同工程价款采用按实结算）。后××建设公司又与被申请人签订了《装饰安装工程施工补充合同》。工程如期按质完工后，被申请人于2014年1月8日正式搬入新装修的办公大楼办公。2014年5月8日，被申请人组织相关单位人员进行全面验收，并在“办公大楼装修现场验收单”上签字确认。

申请人于2014年1月提交了所有装饰决算资料，其工程决算总价为17697651.37元。施工期间，被申请人只支付了9160000.00元工程款，申请人曾多次以书面形式及当面请求被申请人给出决算审定结果，但被申请人一直以各种理由推诿。申请人认为，根据财政部、住房和城乡建设部等相关行政部门文件，被申请人应在收到申请人工程竣工结算书后 30 天内进行审核，逾期不审核竣工结算或未提出审核意见的，视为承包人递交的工程结算书被认可。因此，被申请人应按合同约定支付未付工程款及利息。申请人还提出，因工程一直未结算，申请人目前只提供了原合同规定的开票金额的税票（原税率 3.461%），由于营改增政策的实行造成税率提高，后面未开票的结算款的税率由原来的 3.461% 增加到现在的 11%，导致申请人多支出的税金，应该由被申请人承担。

对此，申请人提出如下仲裁请求：一、裁定被申请人支付拖欠的工程款 8537651.37 元；二、裁定被申请人按延期支付工程款的每日万分之五向乙方支付违约金，直至全部工程款支付完毕；三、裁定被申请人支付申请人新开税票税率的差额部分；四、判令被申请人承担本案全部仲裁费用及与本案相关的其他费用。

被申请人收到申请人的仲裁申请书副本后未向仲裁庭提交书面答辩，在庭审时口头答辩称：一、申请人不是实际施工人，而只是现场施工的负责人；即使认定申请人是实际施工人，申请人也只能按照《装修工程施工合同》约定范围内的 8792200.00 元的金额享有权利，其余权利的主张，应是××建设公司；被申请人向××建设公司支付金额已超过装修工程施工合同约定的 8792200.00 元，故申请人不是适格主体；二、《装修工程施工合同》和《装饰安装工程施工补充合同》真实有效，根据合同约定，合同不能向第三方转让，申请人与××建设公司的内部承包合同是债权债务的转让，对被申请人没有约束力；三、结算资料中工程签证不符合合同约定，不应认可；四、缴纳税款是申请人应尽义务，应由申请人承担。

申请人为支持其主张，提供了如下证据：

第一组证据：《装修工程施工合同》和《装饰安装工程施工补充合同》。拟证明：××建设公司与被申请人的装修合同约定的权利义务关系，双方约定工程价款按实结算；逾期付款按每日万分之五计算违约金。

第二组证据：《内部项目责任承包合同书》。拟证明：申请人是该项目的实际施工人。

第三组证据：收条。拟证明：被申请人于2014年1月25日收到申请人工程结算资料和相关验收资料，工程结算总价款为17697651.37元。

第四组证据：银行流水明细。拟证明：××建设公司收到被申请人支付的工程款9160000.00元，××建设公司扣除20多万元的管理费后，将剩余款项8958156.00元支付给了申请人。

第五组证据：请求办理结算的函。拟证明：申请人于2017年5月9日持××建设公司函向被申请人要求支付未付工程款。

第六组证据：现场验收表。拟证明：完工工程已被申请人使用且验收合格；申请人已提交了工程验收资料。

被申请人对申请人提交的上述证据提出质证意见如下：

对第一组证据的真实性、合法性无异议，对关联性有异议。认为合同主体是××建设公司，与申请人无关；按实结算的前提是对实际完成的工程量双方认可；被申请人已支付9160000.00元，已超过合同约定金额，不存在拖欠工程款问题。

对第二组证据的真实性、合法性、关联性均有异议，认为该合同是申请人与××建设公司内部合同，且××建设公司未通知被申请人，被申请人并不了解和认可该合同。

对第三组证据的真实性无异议，合法性、关联性均有异议，认为收条上署名的签收人不是被申请人的员工，且收条不代表认可竣工结算内容。

对第四组证据银行流水明细的真实性、合法性无异议，但对其证明目的有异议，认为该记录只能证明××建设公司收到9160000.00元，但××建设公司向申请人的付款是××建设公司的内部事务，不能证明申请人是实际施工人。

对第五组证据请求结算的函的真实性、合法性均无异议，但对证明目的有异议，该函是××建设公司向被申请人提交的，与申请人无关。

对第六组证据现场验收表的真实性、合法性无异议，关联性有异议，认为该证据与本案没有关联性。

被申请人为支持其答辩观点，提交了如下证据：

第一组证据：《装修工程施工合同》和《装饰安装工程施工补充合

同》，拟证明：合同相对人是××建设公司，并不是申请人。合同规定整个施工内容不能转包，合同约定了付款的进度，被申请人按照约定支付了工程款。

第二组证据：××建设公司对申请人的授权委托、项目管理机构组成表。拟证明：申请人是××建设公司的技术负责人，参与招投标的前期工作，一个月期限届满后申请人就不再以××建设公司人员身份出现，申请人只是参与了项目建设，但并不是实际施工人。

第三组证据：财务付款凭证。拟证明：被申请人已经向××建设公司的对公账户转入了9160000.00元，所有的请款申请人都是××建设公司，××建设公司才是合同相对人。

申请人其后对被申请人提交的上述证据提出了如下质证意见：

对第一组证据《装修工程施工合同》和《装饰安装工程施工补充合同》的真实性、合法性均无异议，对关联性有异议，认为该证据不能证明被申请人按进度支付了工程款，且实际施工工程量远远大于合同约定的施工工程量。

对第二组证据××建设公司对申请人的授权委托、项目管理机构组成表真实性、合法性无异议，关联性有异议，认为该证据不能证明被申请人的拟证明目的，恰恰证明申请人在投标时就已经介入了，申请人是实际施工人。

对第三组证据财务付款凭证真实性、合法性、关联性均无异议。

庭审过程中，申请人补充提交了结算报告共14本，拟证明结算总金额是17697651.37元。

因申请人当庭补交工程结算资料等新证据，被申请人提出对申请人提交的工程结算资料须进行核对和审查后再当庭质证的要求，仲裁庭商议后同意给予被申请人15天质证期，并决定休庭。但被申请人没有对申请人补充提交的结算报告提出进行司法鉴定的申请。休庭期间，因申请人和被申请人的代理人身体原因，双方又分别申请延期开庭。

质证期届满后，2017年11月29日，仲裁庭再次开庭。第二次开庭和第一次一样，申请人及其委托代理人和被申请人的委托代理人均到庭作了陈述，出示了有关证据材料并进行了质证，被申请人对申请人提交的补充证据结算报告质证意见为：1. 对所有现场签证单真实性有异议，不予认可；2. 对结算报告的金额不予认可，有异议。其认为是申请人单方面制作完成。

第二次庭审过程中，申请人申请证人杨某某出庭作证，证人接受了双方询问、质证。

庭审过程中，仲裁庭询问双方当事人是否申请追加××建设公司为本案第三人，申请人和被申请人先后以明示和默示方式表示不申请追加。双方还回答了仲裁庭的提问，并进行了相互辩论。

通过庭审，结合庭审调查和上述证据，仲裁庭查明事实如下：

2012 年 8 月 30 日，××建设公司与被申请人签订《装修工程施工合同》，双方就被申请人办公楼整体装修改造内部装饰项目达成一致，约定：合同工程价款采用按实结算，以《建设工程工程量计价规范》（GB50500－2008）、《湖南省建设工程工程量清单计价办法》（湘建价〔2009〕406 号）、《湖南省人工费单价调整的通知》等作为结算依据，总预算价款为 8792200.00 元；价款依据增减据实结算，包括但不限于设计变更、工程量增减等计价的签证，必须有甲方指定的工程总负责人或副总负责人和甲方派驻工程现场代表共同签字方可有效，甲方指定喻某某为工程总负责人，陈某为工程副总负责人，徐某某为工程现场代表，甲方签发的有效签证进入工程量计算；该合同还约定乙方将本合同项目转包或发包给第三人的，甲方有权单方面解除合同，终止乙方施工资格，对乙方的工程款不予结算；合同的质保金为合同总金额的 5%，质保期为一年；逾期付款每日按应结付工程款的万分之五支付违约金等。

2012 年 9 月 10 日，申请人与××建设公司签订了一份《内部项目责任承包合同书》，约定由申请人为办公楼整体装修改造内部装饰项目的实际承包人，对《装修工程施工合同》约定的工程内容及保修和主合同工程以外衍生的工程实施全过程的工、料、机以及安全、质量、现场文明施工、工期、经济、行政、民事责任大包干负责，并约定发包人与承包人结账找补后，该项目的一切债权债务均由乙方（申请人）负责。

合同签订后，申请人即组织施工队伍进场施工。

2013 年 7 月 23 日，××建设公司与被申请人签订《装饰安装工程施工补充合同》，合同约定增补合同工程为八楼主机房碳纤维加固、防水、基层装饰、外坪管道装修、室内拆装及未进入预算的相关工程；合同还约定增补工程采用湖南 2006 年和 2009 年相关定额按实结算，合同预算总价款为 1300000.00 元。

工程完工后，被申请人于 2014 年 1 月 8 日搬入办公大楼办公。2014 年 1 月 25 日，申请人向被申请人聘请的现场管理人员梁某某提交了竣工结算报告，在该结算报告中申请人主张结算总金额为 17697651.37 元，被申请人确认收到该结算报告。2014 年 5 月 8 日，被申请人组织相关单位人员进行全面验收，并在“办公大楼装修现场验收单”上签字确认。

截至申请人提起仲裁之日，被申请人共向××建设公司支付装修工程款 9160000.00 元。

仲裁庭还查明，申请人结算报告中的工程签证资料由被申请人现场管理人员梁某某签证，梁某某不是被申请人的单位员工，系被申请人因办公楼整体装修改造项目聘请的工作人员，负责与施工方进行技术交底和现场管理工作，与被申请人认可的现场施工代表徐某某现场共同办公。

庭审中，申请人明确提出放弃追究被申请人前期未按工程进度付款的违约责任。

仲裁庭在查明上述事实的基础上依照《中华人民共和国仲裁法》第五十一条和《××仲裁委员会仲裁规则》第六十四条的规定询问双方当事人是否愿意进行调解，因申请人不同意调解，调解无果。仲裁庭遂闭庭并进行了合议。

2017 年 12 月 1 日，被申请人在仲裁庭闭庭后又委托湖南××律师事务所杜某某律师作为代理人，向仲裁庭提交了一份《代理词》，并递交了一份《工程造价鉴定申请书》。鉴于该案已经依法审结并进行了合议，仲裁庭认为如果再接受被申请人的上述请求，不合法理。故，仲裁庭将该案审理终结。

二、争议焦点

本案本来属于建设工程价款结算纠纷案件，但由于庭审时被申请人认为申请人不是《装修工程施工合同》的当事人，没有仲裁主体资格，因此，本案又涉及《装修工程施工合同》内容能否转让的问题。综观全案，主要有以下三个争议焦点：

1.《装修工程施工合同》内容能否转让？

2. 申请人是不是实际施工人？

3. 申请人提交的工程竣工结算报告是否有效？

三、学理分析与评析

（一）关于《装修工程施工合同》内容能否转让问题

1. 学术界的不同观点

关于承包人签订建设工程施工合同后能否转让的问题，学术界主要存在两种不同观点：

第一种观点：可以有条件转让。

这种观点也是本案申请人的观点。他们认为，建设工程施工合同是指发包方（建设单位）和承包方（施工人）为完成商定的施工工程而签订的明确双方相互权利与义务的协议。它具有合同的一般属性。《合同法》（现已废止，本案不再作说明）第七十九条明文规定，债权人可以将合同的权利全部或者部分转让给第三人。第八十四条规定，债务人将合同的义务全部或者部分转移给第三人的，应当经债权人同意。第八十八条规定，当事人一方经对方同意，可以将自己在合同中的权利和义务一并转让给第三人。因此，根据《合同法》的上述规定，建设工程施工合同是可以转让的，只是要符合以下条件：

（1）必须有合法有效的合同关系存在。如果合同不存在或被宣告无效、被依法撤销和解除，则合同转让的行为属无效行为，转让人应对善意的受让人所遭受的损失承担损害赔偿责任。

（2）必须由转让人与受让人之间达成协议。该协议应该是平等协商的，且符合民事法律行为的有效要件，否则，该合同转让行为属无效行为或可撤销行为。

（3）合同转让符合法律规定的程序。合同转让人应征得合同对方当事人同意并尽到通知义务。对于按照法律规定由国家批准成立的合同，转让合同应经原批准机关批准，否则转让行为无效。

本案中的《装修工程施工合同》和《装饰安装工程施工补充合同》虽然由承包方转让给申请人没有事先征得被申请人的同意，但合同均已按照约定履行完毕，工程已竣工验收合格，且被申请人也已支付部分工程款，对申请人提交的结算资料签了收条，这些都应该视为对承包方转让合同行为的认可。

第二种观点：绝对不能转让。

这种观点也是本案被申请人的观点。在他们看来，承包人签订建设工程施工合同后转让该合同项下工程项目的行为属于转包行为。而我国《合同法》第二百七十二条第二款规定，“承包人不得将其承包的全部建设工程转包给第三人或者将其承包的全部建设工程肢解以后以分包的名义分别转包给第三人。”《建筑法》（此为 2011 年版，已于 2019 年修正，本案不再作说明）第二十八条明文规定：“禁止承包单位将其承包的全部建筑工程转包给他人，禁止承包单位将其承包的全部建筑工程肢解以后以分包的名义分别转包给他人。”《建设工程质量管理条例》（此为 2017 年版，已于 2019 年修正，本案不再作说明，以下简称《条例》）第二十五条第三款也规定：“施工单位不得转包或者违法分包工程。”这说明，对建设工程施工合同的转包是绝对不允许的，分包虽然可以但必须合法。该《条例》还在第七十八条第三款对“转包”进行了明确的法律界定，“本条例所称转包，是指承包单位承包建设工程后，不履行合同约定的责任和义务，将其承包的全部建设工程转给他人，或者将其承包的全部建设工程肢解以后以分包的名义分别转给其他单位承包的行为。”根据原建设部发布的《关于若干违法违规行为的判定》第二条的规定：“承包单位在承接工程后，对该工程不派出项目管理班子，不进行质量、安全、进度等管理，不依照合同约定履行承包义务，无论将工程全部转包给他人，还是以分包名义将工程肢解后分别转包给他人的，均属转包行为。”

对违反上述禁止性规定而转包的，除《建筑法》第六十七条明文规定了“责令改正，没收违法所得，并处罚款，可以责令停业整顿，降低资质等级；情节严重的，吊销资质证书”外，《条例》第六十二条还规定，对施工单位处工程合同价款百分之零点五以上百分之一以下的罚款。根据《最高人民法院关于审理建设工程施工合同纠纷案件适用法律问题的解释》（现已失效）第八条之规定，承包人将承包的建设工程非法转包、违法分包的，发包人有权解除与承包人的建设工程施工合同，并根据第十条的规定，要求建设工程施工合同的承包方赔偿因违约而给发包方所造成的损失。第四条还规定，承包人非法转包、违法分包建设工程或者没有资质的实际施工人借用有资质的建筑施工企业名义与他人签订建设工程施工合同的行为无效。人民法院可以根据《民法通则》（现已失效）第一百三十四条规定，收缴当事人已经取得的非法所得。

从学理上讲，建设工程项目转包行为不仅被法律所禁止，而且转包行为违背招标投标制度的初衷。一方面，工程施工的主体变成了不是业主在招标阶段所中意的单位；另一方面，转包还往往容易导致腐败的产生，转包过程中的回扣、贿赂以及因转包而出现的拉关系中标、企业小金库等现象屡有发生，这就说明转包成了腐败滋生的温床。因此，在转包情形下，工程质量得不到保障，给工程质量埋下了隐患。转包行为严重地扰乱了建筑市场秩序，导致了大量越级承包、无资质承包、肢解工程发包等行为的发生，同时也使得大量低素质的劳动力队伍进入建筑市场，具有极大的危害性。本案中的《装修工程施工合同》明确规定，承包方转包本工程项目，发包方有权解除合同，终止承包方施工资格，不予结算工程款。被申请人对承包方转包本工程项目的行为事先不知情，直到申请人提出仲裁申请才知情由。原本可依法和依约解除合同，追回已付工程款，并可请求赔偿损失。但考虑到被申请人与承包人有着长期的业务往来关系，故放弃索赔请求，并已按合同的约定支付了全部工程款，双方的权利义务关系到此终止。

2. 我们的认识

对于承包人签订建设工程施工合同后能否转让的问题，我们原则上同意第二种观点，但又不完全一致。

相同的是，承包人签订建设工程施工合同后转让该合同项下工程项目的行为属于转包行为，而按我国现行建设工程法律法规的规定，建设工程项目是严禁转包的。不同的是，建设工程施工合同可以转让，但合同项下工程项目不能转包。

（1）禁止转包的立法目的

禁止建设工程施工合同项下工程项目转包，是建设工程施工合同具有法律约束力的应有之意。它的缔结体现了合同双方的信赖，其标的凝结了对承包方施工资质、施工管理经验、施工队伍的力量等因素的考量。转包行为将工程项目交予发包人并不信任甚至并不了解的实际施工人，是对合同相对性的破坏。

实践中，转包大多都具有隐蔽性，发包方并不知情，转包人出于控制工程款项等因素的考虑又不退出建设工程施工合同关系。单纯从契约自由或合同当事人意思自治原则考虑，转包人不退出建设工程施工合同法律关系而将合同权利义务交由第三人，只要发包方同意即可。在民事责任承担方面，在转包的情形下，转包人就合同的履行向发包方承担责任，对实际施工人的合同履行行为负有监督管理职责以及担保责任。因此，转包似乎并不需要国家强制力的介入。

但是，因为建设工程项目的转包行为所带来的后果往往超出了合同当事人的自治范畴而涉及公共安全等公共利益，即便是经发包人同意的转包，也属于禁止之列。如果建设工程领域不实行严格的资质管理制度，允许转包行为发生，则可能导致工程最终由无相应资质的实际施工人完成，影响工程质量。而且转包人从中收取所谓“管理费”，也会导致实际施工人偷工减料以弥补管理费的损失从而影响工程质量。因此，国家强制介入民事合同，以立法形式禁止转包，可以依法对转包行为设置较民事责任更具惩罚性的行政甚至刑事处罚，使监管提前、监管措施更具威慑力，可以起到事先预防转包行为的作用，较之民事责任的事后救济更有效率。

（2）合同转包与合同转让是两个不同的概念

合同转让是指合同法律关系主体的改变。根据转让内容的不同，合同转让包括了合同权利的转让、合同义务的转让以及合同权利和义务的概括转让三种类型。它具有以下特点：第一，没有改变原合同的权利义务内容。它是将原合同的权利义务全部或部分地从合同一方当事人转移给第三人。受让的权利和义务既不会超出原权利义务的范围，也不会从实质上变更原合同权利义务的内容。第二，改变了合同主体。合同转让使原合同关系的效力终止，并形成新的合同关系，合同的主体发生了变更，第三人代替原合同当事人一方而成为合同当事人。第三，由于合同的转让涉及原合同当事人的利益，所以法律要求合同义务的转让以及合同权利和义务的概括转让这两种类型的合同转让应取得原合同另一方当事人的同意，而合同权利的转让则只需及时通知原合同另一方当事人即可。

合同转包是指承包人私自将承包项目的部分或全部以一定的条件转给第三人，由第三人履行后，再由承包人向发包人履行合同的行为。这种行为与转让行为的不同之处就在于，承包人在不终止与发包人签订的承包合同效力、不退出承包合同法律关系的前提下，在发包方不知情的情况下又与第三人订立了转包合同，进而形成了两个合同关系：一个是发包人和承包人之间的施工合同关系，另一个是承包人与实际施工人之间的实际施工合同关系。这样，两个合同关系尽管在内容上具有相同或相似性，但合同当事人不同，承包人具有双重身份，既是施工合同中的承包人，又是实际施工合同中的转包人，而发包人和实际施工人之间却并无合同关系。因此，合同转包的主要法律特征是，承包方向第三方转包后，承包方与发包方的承包关系不变。

判断一种行为是合同转让行为还是合同转包行为，关键看承包人是否退出了施工合同关系，第三人是否取代了承包人的合法当事人地位。承包人退出了施工合同关系、第三人取代了承包人在原承包合同中的合法当事人地位，就是合同转让行为，否则就是合同转包行为。

在本案中，××建设公司通过签订《内部项目责任承包合同书》，将《装修工程施工合同》承包方的权利与义务全部转包给本案申请人，承包方的身份没有变更，并向本案申请人收取了工程价款3%的管理费，作为《装修工程施工合同》发包方的被申请人并不知情，且发包方支付工程款的对方也是承包人××建设公司。因此，本案所涉《装修工程施工合同》可以转让，但该合同项下工程项目不能转包。承包人××建设公司将《装修工程施工合同》项下工程项目转包给本案申请人的行为应该认定为无效行为，况且在《装修工程施工合同》明确约定合同不得转包的情形下仍然实施转包行为，发包方除有权解除合同外，还可要求承包方承担违约所带来的损失。

（二）关于申请人是不是实际施工人的问题

这是与第（一）个问题紧密相连而又有所区别的问题。正是因为有《装修工程施工合同》项下工程项目的转包，才会有该工程项目实际施工人的争议问题，这是两个问题的联系之处。但实际施工人是不是一定就是“张三”或“李四”，还需要证明。

1. 双方的观点

被申请人认为本案申请人不是《装修工程施工合同》项下工程项目的实际施工人，而只是施工项目的现场负责人。因为，其一，《装修工程施工合同》和《装饰安装工程施工补充合同》都证明：合同的相对人是××建设公司，而不是申请人。其二，《装修工程施工合同》明确约定了合同不得转包，如果将本施工项目的现场负责人看作是实际施工人，那么这实际上就等于承认了承包人与申请人签订《内部项目责任承包合同书》的行为是转包行为，依法应当解除《装修工程施工合同》和《装饰安装工程施工补充合同》的效力，并由承包人对被申请人承担违约责任。其三，××建设公司对申请人的授权委托等相关证据证明，申请人只是××建设公司的技术负责人参与招投标的前期工作和项目建设，并不是实际施工人。其四，被申请人的财务付款凭证证明：被申请人已经按合同约定在工程竣工验收后按工程款总额（879.22+130=1009.22万元）的90%向××建设公司的对公账户超额转入了9160000.00元工程款，所有的请款申请人都是××建设公司，说明××建设公司才是合同的相对人。

本案申请人认为自己就是实际施工人。其一，申请人与承包人签订了一份《内部项目责任承包合同书》，约定由申请人为办公楼整体装修改造内部装饰项目的实际负责人，对《装修工程施工合同》约定的工程内容及保修和主合同工程以外衍生的工程实施全过程的工、料、机以及安全、质量、现场文明施工、工期、经济、行政、民事责任大包干负责，并约定发包人与承包人结账找补后，该项目的一切债权债务均由申请人负责，承包人只按工程款的3%收取管理费。其二，《内部项目责任承包合同书》签订后，申请人即组织施工队伍进场进行了施工。其三，工程完工后，申请人向被申请人聘请的现场管理人员梁某某提交了竣工结算报告，被申请人确认收到该结算报告。其四，被申请人组织相关单位人员对该工程进行全面验收，并在“办公大楼装修现场验收单”上签字确认。其五，被申请人共向承包人××建设公司支付装修工程款9160000.00元，××建设公司扣除管理费后全部转给了申请人。

2. 我们的认识

（1）什么是实际施工人

“实际施工人”是最高人民法院为了保护农民工的合法权益而在2004年9月29日通过、2005年1月1日起施行的《最高人民法院关于审理建设工程施工合同纠纷案件适用法律问题的解释》（以下简称《解释》，现已废止，本案不再作说明）本案不再作说明中创设的一个新的法律概念。该《解释》第二十六条规定：“实际施工人以发包人为被告主张权利的，人民法院可以追加转包人或者违法分包人为本案当事人，发包人只在欠付工程价款的范围内对实际施工人承担责任。”这一规定突破了合同相对性原则，为实际施工人向发包人主张权利提供了重要法律依据[①]。但需要注意的是，保护农民工的合法权益并不等于说《解释》中的“实际施工人”就是直接从事劳务的农民工或其他建筑工人。农民工工资的支付涉及雇佣关系和劳

① 2018年10月29日通过、2019年2月1日起施行的《关于审理建设工程施工合同纠纷案件适用法律问题的解释（二）》（现已废止）第二十四条进一步规定：“实际施工人以发包人为被告主张权利的，人民法院应当追加转包人或者违法分包人为本案第三人，在查明发包人欠付转包人或者违法分包人建设工程价款的数额后，判决发包人在欠付建设工程价款范围内对实际施工人承担责任。”

动关系，与建设工程施工合同不是同一法律关系。《解释》第二十六条规定发包人只在拖欠工程款的范围内对实际施工人承担责任。如果发包人已经向转包人、违法分包人支付了全部工程款，而他们没有向实际施工人付款，则实际施工人就应当起诉转包人、违法分包人，而不应当向发包人提起诉讼。

那么，问题的关键是如何认定实际施工人，否则容易导致司法实践中对实际施工人的滥用，甚至导致恶意损害发包人利益的现象出现。

实际施工人是指在建设工程施工合同因承包人的转包和违法分包导致无效情况下投入资金、材料和劳力等实际履行工程施工义务的主体，包括非法转包合同、违法分包合同、借用资质与发包人签订建设工程施工合同的工程施工人。只有在发包人将工程发包给了承包人，承包人是借用资质或者是获得承包权后又进行了违法分包或非法转包时，才会有实际施工人。它具有以下几个特征：第一，它是无效建设工程施工合同的义务履行人。有效的建设工程施工合同中只有作为施工人的承包人，不存在实际施工人。第二，它是违法的施工人。它违反了我国《合同法》《建筑法》的相关规定。第三，它与发包人之间虽然没有直接的建设工程施工合同关系，但却因实际履行了工程施工义务，而与发包人形成了事实上的权利义务关系。第四，它与建设工程施工合同的承包人（非法转包人，违法分包人）没有雇用关系。如果它是承包人的组成部门或雇用委托的代理人，则不能称为实际施工人。第五，建设工程施工合同的义务履行人依合同全面履行了义务并且竣工工程质量合格。这是《解释》第二十六条赋予实际施工人以诉权的条件。否则，会被发包人反诉工程质量问题，实际施工人可能会承担对己不利的后果。

显然，要正确认定“实际施工人”，必须在确认建设工程施工合同因承包人的非法转包、违法分包而无效的前提下，严格审查建设工程施工合同的义务履行人是否全面实际地履行了发包人与承包人之间签订的建设工程施工合同所规定的义务，并与发包人形成了事实上的权利义务关系。

（2）内部承包人不是实际施工人

内部承包人虽然也要向承包人交付管理费，在经济上也可能独立核算、自负盈亏，但它是承包人的内部职工或者为完成该建设施工项目而临时聘用的人员，与承包人之间是隶属关系，受《劳动合同法》调整，而实际施工人则与承包人不存在任何隶属关系，只是为完成该建设施工项目而向承包人支付管理费的义务履行人，与承包人之间的关系受《合同法》调整；内部承包人在履行工作职责期间，不能以自己的名义而只能以承包人的名义对外开展业务，而实际施工人则总是以自己的名义对外开展业务；内部承包人在履行工作职责期间如果与承包人发生争议一般通过劳动争议仲裁来解决，而实际施工人如果与承包人发生争议，则只能通过诉讼途径来解决；内部承包人在承包人履行建设工程施工合同期间如果与发包方发生合同纠纷，不能以自己的名义参加仲裁或诉讼，争议主体始终是承包人，而实际施工人则可以自己的名义，将发包人列为被告向人民法院提起诉讼或列为被申请人向仲裁委员会申请仲裁。

在本案中，申请人与承包人之间签订的《内部项目责任承包合同书》本来应是内部承包合同，申请人应是内部承包人。但是实际上这份《内部项目责任承包合同书》是申请人与承包人之间的转包合同，是为了规避法律不允许进行建设工程项目转包的禁止性规定，而采用的偷梁换柱的做法。因为在这份《内部项目责任承包合同书》总则中明确规定："本工程实行项目实质负责人（建造师）项目负责制"，负责本工程施工的全面实施。甲方（即本案《装修工程施工合同》的承包人）有义务支持、指导、监督乙方（即本案申请人）工作；乙方须全面执行甲方各项制度、"履行主合同的全部义务和职责"。其承包范围是"主合同确定的工程内容及保修"。甲方只按工程款的3%收取管理费。这些规定已经完全超出了内部承包人或项目经理的职责范围。因此，本案申请人应为实际施工人。

解决前两个问题后，关于申请人提交的工程竣工结算报告是否有效的问题自然也就迎刃而解，在此不再述评。

四、本案裁判结果

（一）申请人主体资格认定问题

××建设公司与被申请人于2012年8月30日签订的《装修工程施工

合同》是双方的真实意思表示，经过了法定的招投标程序，该合同合法有效。××建设公司与申请人签订的《内部项目责任承包合同书》约定，××建设公司将被申请人办公楼整体装修改造内部装饰项目的施工任务以内部承包方式交给申请人施工、管理，约定与主合同有关的所有权利义务在申请人向××建设公司足额缴纳管理费后均由申请人享有和承担，故可以认定申请人为被申请人办公楼整体装修改造内部装饰项目的实际施工人。依据《解释》第二十六条规定“实际施工人以发包人为被告主张权利的，人民法院可以追加转包人或者违法分包人为本案当事人”，庭审中仲裁庭询问双方当事人是否申请追加××建设公司为第三人，申请人当庭表示不申请，被申请人在第一次开庭中表示将在 2017 年 8 月 18 日就是否申请追加第三人进行答复，但时间已过，被申请人并未提交答复，应视为不申请。故仲裁庭认定申请人为本案的适格主体。

（二）申请人提交竣工结算报告的时间认定问题

申请人提交的证据证明，申请人在 2014 年 1 月 25 日将竣工结算报告提交给了被申请人委派的现场施工管理人员梁某某。虽然被申请人认为梁某某不是其单位员工，而是被申请人临时聘请的现场管理人员，无权签字，但被申请人确认其收到了该竣工结算报告，对取得该结算报告的途径也未提出异议，且所有工程签证单均由梁某某签字，被申请人据此对工程进行了验收并向××建设公司支付了《装修工程施工合同》和《装饰安装工程施工补充合同》约定的工程款。故仲裁庭认为，应当认定申请人提交竣工结算报告的时间为 2014 年 1 月 25 日。

（三）竣工结算金额认定问题

申请人提交的竣工结算报告主张竣工结算金额为 17697651. 37 元，同时主张，因被申请人未在法定期限内进行结算审计，应以结算报告确定结算金额。被申请人认为，该结算报告系申请人单方面制作，且该竣工结算报告依据的结算资料的所有签证均为梁某某所签，故对该结算金额不予认可。

仲裁庭认为，申请人提交的竣工资料的签证只有梁某某的签证，不符合《装修工程施工合同》约定，被申请人有权不予认可。但在整个施工过程中，被申请人指定的现场施工代表与梁某某共用一个办公场地，明知其无权签证而不予制止，对申请人完成的设计变更、工程量增减的施工内容实际上予以了认可。被申请人在质证时也未提出按照合同约定由其指定的有效签证人履行合同义务，并且在申请人提交竣工结算资料后至申请人申请仲裁前的三年多时间里，被申请人也从未对申请人提交的竣工结算资料中的梁某某签字的工程变更签证提出异议，且还据此对工程进行了验收，并向××建设公司支付了《装修工程施工合同》和《装饰安装工程施工补充合同》约定的工程款。因此，仲裁庭认为，被申请人的行为是对梁某某在申请人的工程变更签证上签字给予了默许和认可，并以实际行为追认了上述工程变更签证。故此仲裁庭对被申请人的抗辩理由不予支持。

由于《装修工程施工合同》及《装饰安装工程施工补充合同》未对工程结算的时间及违约责任明确约定，根据财政部、建设部（现为住房和城乡建设部，本案不再作说明）《建设工程价款结算暂行办法》的规定，发包人收到竣工结算报告及完整的结算资料后，在本办法规定或合同约定期限内，对结算报告及资料没有提出意见，则视同认可。建设部《建设工程施工发包与承包计价管理办法》规定：发包人应当在收到竣工结算文件后的约定期限内予以答复。逾期未答复的，竣工结算文件视为已被认可。《国务院办公厅转发建设部等部门关于进一步解决建设领域拖欠工程款问题意见的通知》（国办发〔2004〕78 号，现已失效），也要求各地应按照《建筑工程施工发包与承包计价管理办法》和《建设工程价款结算暂行办法》的规定，进一步规范建设工程价款结算与支付行为。《湖南省建设工程管理办法》（湖南省政府 2004 年 192 号令）结合本省实际作出规定：除合同有约定外，发包人对竣工结算文件有异议的，应当在收到竣工结算文件之日起的 30 日内，向承包人提出，并在提出异议之日起的 30 日内与承包人协商。异议期满未提出异议，或者协商期满未与承包人协商的，视为认可竣工结算文件，发包人应当按照合同约定与承包人进行竣工结算。

显然，上述有关部门规章和省政府规章对“竣工结算文件在一定期限内不答复即视为认可”的规定是明确的。《解释》也是针对建筑领域存在的侵害承包人合法权益的情况，为维护建筑市场的正常秩序，促进建筑行业的健康发展而制定的，与上述部门规章、湖南省政府规章以及国务院办公厅文件精神是一致的，都是仲裁庭依法审理本案的依据。

综上，仲裁庭认为当事人履行合同应当秉着诚实、信用的原则，及时完成结算审查工作，不能由于被申请人的不作为，使申请人履行合同义务后应取得的工程款进入无法确定的状态。被申请人在收到结算文件后长达三年多的时间对结算文件没有提出异议，也未进行结算审计，应认定被申请人不履行合同约定的义务，同时放弃了行使审查的权利，被申请人对工程结算报告不履行和不行使及时审查的义务和权利所造成的法律后果应当依法承担责任。

（四）申请人主张的税务损失问题

仲裁庭认为，依法纳税是每个公民应尽的义务，申请人收到工程款后应当依法缴纳税款，申请人因税率的调整和变化多缴纳的税款不属于本合同履行中产生的问题，对申请人的该主张仲裁庭不予支持。

最后，仲裁庭依据《中华人民共和国合同法》第二百七十九条、《最高人民法院关于审理建设工程施工合同纠纷案件适用法律问题的解释》第二条、第十七条、第十八条、第十九条、第二十六条和《中华人民共和国仲裁法》的相关规定，裁决如下：

1. 自本裁决生效之日起十日内，被申请人向申请人支付到期应付工程价款人民币 8537651.37 元。

2. 被申请人以 7655768.74 元为基数自 2014 年 2 月 25 日至 2015 年 2 月 24 日按每日万分之五的利率支付逾期付款违约金。

3. 被申请人以 8537651.37 元为基数自 2015 年 2 月 25 日起至实际支付完毕之日按每日万分之五的利率支付逾期付款违约金。

4. 驳回申请人其他仲裁请求。

5. 本案仲裁费 81000 元，由申请人承担 20000 元，被申请人承担 61000 元。由于仲裁费用已由申请人预交，被申请人在履行上述付款义务时应将由其承担的部分一并支付给申请人。

案例四　EPC 建设工程总承包合同纠纷仲裁案

刘立华　谢建云

一、基本案情

2013 年 6 月 14 日，业主方 A 公司与 B 公司签订了《A 公司××镇 50 万立方米/日天然气液化项目总包合同》（以下简称案涉合同），合同约定由 B 公司、C 公司、D 公司组成承包联合体，联合体各成员均对总包合同所约定的权利和义务承担连带责任。B 公司作为联合体主办人具体负责该项目，C 公司为该项目的工程施工单位，D 公司为该项目的设计单位，合同金额暂定为人民币 166000000 元（设计费与设备采购费用为固定价，土建款为可变动价款），同时合同约定了各项权利义务，其中合同第三部分第 7 条约定了付款时间和条件。2013 年 6 月 18 日，B 公司作为发包人与 C 公司施工单位另行签订了《建设工程施工合同》，合同约定工程暂定价 37454575 元，其中土建工程价格 31354575 元，安装施工费 6100000 元为固定价不变。

合同签订后，B 公司及其他联合体成员按约履行合同义务。2014 年 5 月 22 日，A 公司、B 公司、C 公司签订了一份《关于 A 公司液化天然气项目土建进场补充协议》，该协议中就 A 公司原因致土建停工及拖欠工程款事宜进行了明确，要求 A 公司应在 2017 年 7 月 22 日前付清拖欠的工程款，顺延工期。2015 年 10 月 20 日，A 公司与 B 公司签订了《总包合同之补充协议（二）》，因土建工程量超出了原合同范围，约定增加土建工程款。

2016 年 8 月，该项目设备安装工程完工，工艺线路全部贯通，并进行了试压吹扫，但由于项目现场水电未通，导致无法试车运行。2016 年 12 月 30 日，设备安装工程移交给 A 公司。2017 年 6 月 5 日，土建工程完工，项目整体工程全部移交给 A 公司，由于项目现场水电未通，导致项目整体工程无法验收。2017 年 10～12 月，该项目竣工资料全部移交给 A 公司。

2018 年 1 月 A 公司委托第三方工程审计机构对土建工程进行了审计结算，土建工程审计金额为 61139920. 97 元，根据总包合同和 2018 年 3 月 28 日的会议纪要，A 公司应付土建工程款为 57494495. 97 元，大大超过了原总包合同约定的 31354575 元土建工程款金额。在该项目合同履行期间，A 公司拖延付款，B 公司及 C 公司曾多次向 A 公司要求按时付款并在工程完工后验收，但由于项目现场水电至今仍未开通，导致项目整体工程验收无法开展，B 公司遂向 × × 仲裁委员会申请仲裁。2019 年 2 月 26 日仲裁庭不公开开庭审理了此案。B 公司申请仲裁后，D 公司于 2019 年 3 月 28 日出具《同意并承认仲裁确认书》承认并接受仲裁的结果对 D 公司具有法律效力，C 公司未到庭参加仲裁并于 2019 年 4 月 9 日出具复函拒绝仲裁结果对 C 公司产生任何拘束力。事后，C 公司依据 B、C 间的《建设工程施工合同》于 2019 年 5 月向人民法院起诉 B 公司给付欠付的工程款。

申请人 B 公司为了支持其主张提交了以下证据材料：

证据 1：2013 年 6 月 14 日的总包合同。证明申请人与被申请人之间签订有 × × 镇 50 万立方米/日天然气液化项目总包合同的事实。

证据 2：2014 年 5 月 22 日的项目土建进场补充协议。证明因被申请人的原因导致项目工期延期、被申请人未按约付款给申请人造成损失的事实。

证据 3：2015 年 10 月 20 日的《总包合同之补充协议（二）》。证明涉案项目土建工程量增加，需要增加土建工程价款，并约定了土建工程款的支付方式。

证据 4：2016 年 12 月 30 日的工程中间交接证书。证明涉案项目设备安装工程已于 2016 年 8 月完成，工艺路线全部贯通并进行了试压吹扫，设备装置已于 2016 年 12 月 30 日全部移交被申请人的事实。

证据 5：2017 年 6 月 5 日的工程实体移交证书。证明涉案项目土建工程完工，整体工程于 2017 年 6 月 5 日全部移交被申请人的事实。并且由于被申请人的原因，整体项目工程无法验收。

证据 6：2017 年 5 月 5 日的《建设工程项目终止施工安全监督告知书》。证明涉案项目于 2017 年 5 月 5 日已全部完工的事实。

证据7：要求被申请人付款及推进工程进度、验收的联系函。证明申请人多次向被申请人发函要求被申请人付款及推进工程进度和验收的事实，说明被申请人存在多次未按约付款的违约事实并导致工程进度一拖再拖，工程完工后拖延拒不验收的事实。

证据8：被申请人针对《付款申请函》回复函。证明被申请人已付的项目金额，同时因被申请人的原因拖延拒不验收的事实。

证据9：竣工结算书移交签收单。证明申请人已将涉案项目工程竣工结算书移交给被申请人的事实。

证据10：竣工资料移交清单。证明涉案项目工程的全部竣工资料已移交给被申请人的事实。

证据11：由被申请人出具的涉案项目审计结算及款项支付情况的告知函。证明涉案项目土建工程已由被申请人委托的审计单位进行了工程审计，依据约定，明确了土建工程最终结算金额。

为证明其主张，申请人提交第一组补充证据：

补充证据1－1：D公司情况说明。证明申请人已向承包联合体成员D公司支付了392万元设计费的事实。

补充证据1－2：C公司情况说明。证明申请人已向承包联合体成员C公司代付了38921200.15元土建工程款的事实。

补充证据1－3：《装车服务楼建设工程施工协议》。证明C公司委托被申请人向××公司支付的970400元系C公司与被申请人关于装车服务楼工程的款项，与本案讼争的工程款无关，被申请人提交的委托书中所述的剩余其他工程款系指装车服务楼项目合同除应付××公司以外的其他工程款，并非本案讼争合同中的土建工程款项。

补充证据1－4、5、6：关于请求撤销仲裁申请书的函及邮件、总包合同还款协议及邮件、公证书（2019）×××证民字第672号。证明被申请人在申请人提起仲裁后发邮件给申请人对拖欠申请人工程款的事实予以确认，并同意分期支付前款。同时，被申请人对申请人提出的工程价款优先受偿权也予以确认。在被申请人的邮件来函中承认是因其原因造成不能验收的事实。

补充证据1－7、8：公证书（2019）×××证民字第673号关于工程项目部负责人变更的通知函。进一步补强证据7的真实性，通过公证的方式证明申请人的员工邓××确实向被申请人的项目负责人卢××、汪××发送过上述邮件信函的事实。

为证明其主张，申请人又提交第二组补充证据：

补充证据2－1：委托支付函及邮件截屏。证明2018年2月8日，申请人项目部邓××通过邮件向被申请人项目负责人发送《委托支付函》，证明被申请人向承包联合体成员C公司直接支付工程款前需要征得申请人同意后才能支付，进一步证明申请人有权代表全体联合体成员向被申请人提起本案仲裁。

补充证据2－2：项目用电设备消耗表及邮件截屏。证明2013年7月26日，申请人项目部邓××向被申请人项目负责人邮件发送《A公司天然气液化项目电消耗表》证明申请人按照招标文件和总包合同中被申请人可以提供的10kV电压等级的用电条件，提供符合要求的设备装置，其所提供的设备所需的电压等级均未超过10kV，并在2013年不存在超配的事实。

补充证据2－3：请款函。证明2017年3月28日，负责被申请人项目消防工程及验收的武汉××消防装饰工程有限公司向申请人发函，该函经申请人项目部罗×和被申请人项目部负责人卢××签字确认。证明因被申请人项目现场一直未正式开通供电，导致项目消防验收工作无法开展，对此，被申请人的项目负责人卢××对这一事实予以确认。

补充证据2－4：联系函及附件。证明负责被申请人项目消防工程及验收的武汉××消防装饰工程有限公司出具说明，因项目现场至今没有接入正式用电，被申请人不能提供高压供电合同，尚不具备消防验收条件，并且按照武汉的规定，消防验收必须与规划、园林、人防等一并联合验收通过后，才能进行竣工验收备案。因此，目前无法办理建筑物局部验收及备案。

此后，申请人又提交了第三组补充证据：

补充证据3－1：招标文件。证明涉案项目系由被申请人向申请人发出招标邀请，在招标文件中介绍涉案项目可提供10kV电源专线供电［第123

页 6.6 条]，但被申请人至今在项目现场未接入 10kV 电源，导致项目无法验收。

补充证据 3－2：投标文件第二节商务报价。证明申请人按照被申请人招标文件的要求，投标报价汇总的具体明细组成内容。

补充证据 3－3：总包合同附件五《联合体投标协议书》。证明申请人与 D 公司、C 公司组成联合体参与投标涉案工程项目，申请人是项目的总负责方。

补充证据 3－4：总包合同附件六《建设工程设计合同》。证明按被申请人的要求，申请人与 D 公司签订涉案工程设计合同的事实。设计费包含在总包合同的合同总额内，申请人对设计费起代收代付作用。[第 5 页第 7 条]

补充证据 3－5：总包合同附件七《建设工程施工合同》。证明按被申请人的要求，申请人与 C 公司签订涉案工程施工安装合同的事实。施工、安装费包含在总包合同的合同总额内，申请人对施工、安装费起代收代付作用，付款条件和比例与总包合同保持一致。[第 29 页第 23、24、26 条]

补充证据 3－6：总包合同附件八《授权委托书》。证明被申请人出具委托书，授权詹×与申请人代表全体联合体成员签订涉案项目总包合同，该签订方式是应被申请人的要求。

补充证据 3－7：《装置（单元）用电负荷汇总表》。证明涉案项目全场总计算轴功率为 8298.76kW（不含地块一新增建筑用电）。

补充证据 3－8：关于电机功率与用电容量的说明。证明申请人设计计算的全场总计算轴功率 8298.76kW 与被申请人报装 13430kVA 之间的换算数据不完全一致，被申请人报装的用电容量除涉案项目运行所需用电设备的用电容量外，还包括了其原有变压器和备用压缩机、变压器的用电容量。

补充证据 3－9：说明。证明申请人已将涉案项目的合同装置安装完成，因被申请人的原因，导致项目现场高压电未接入，合同装置性能考核无法完成的事实。

被申请人为支持自己的主张提供了以下证据：

证据1－1：《联合体投标协议书》；证据1－2：投标函；证据1－3：中标通知书；证据1－4：《A公司××镇50万立方米/日天然气液化项目总包合同（执行合同）》；证据1－5：工程款支付明细表、委托付款函、委托书；证据1－6：增值税专用发票、建筑业统一网络代开发票（10张）。本组证据证明根据涉案项目招投标以及发包人与承包人签署的总包合同约定，被申请人的签约对象与付款对象是申请人与D公司、C公司等三方组成的承包联合体，而非申请人一方，并且被申请人已向申请人支付完总包合同中约定的设备价款，因此申请人无权单独提起本案仲裁并要求被申请人向其支付应付给承包联合体其他成员的剩余工程款项61762111.97元，申请人作为本案仲裁申请人的主体资格不适格，依法应予驳回申请人提起的仲裁。

证据2－1：《A公司××镇50万立方米/日天然气液化项目总包合同（执行合同）》；证据2－2：《总包合同〈执行合同〉之补充协议（二）》；证据2－3：A公司（××镇50万立方米/日天然气液化项目）验线全图（1份）、工程验线单（9份）；证据2－4：《结合民用建筑修建防空地下室（缴纳人防易地建设费）联系单》《结合民用建筑修建防空地下室建设项目申报表》；证据2－5：工程进度联系函（12份）；证据2－6：2017年9月28日邮件、承包方未按照总包合同约定移交的资料清单；证据2－7：《建设工程造价编审确认表》。本组证据证明：1. 项目竣工验收尚未完成，发包人与承包人尚未完成土建追加工程款的竣工验收决算，承包联合体也没有履行完全部合同义务，根据总包合同的约定，剩余工程款61762111.97元的付款条件也尚未达到。2. 承包联合体在履行总包合同过程中存在工期延误、违反规划施工、未按照合同规定提交竣工验收文件、未按照合同规定配合办理项目竣工验收手续等违约行为，导致项目竣工和竣工验收延迟，应当自行承担违约责任以及由此带来的后果，被申请人保留追究承包联合体违约和赔偿责任的权利。

证据3－1：《武汉市××区招商项目协议书》；证据3－2：《关于A公司××镇50万立方米/日天然气液化天然气项目供电情况说明》；证据3－3：《××区人民政府关于恳请将新建110kV栗庙变电站、阳光变电站和

35kV 安山变电站扩容改造工程列入 2014 年上半年建设计划的函》；证据 3－4：《国网武汉供电将新建 110kV 栗庙变电站、阳光变电站和 35kV 安山变电站扩容改造的复函》；证据 3－5：《关于 A 公司用电报装情况的说明》；证据 3－6：高压业扩报装项目供电方案告知函；证据 3－7：《A 公司××镇 50 万立方米/日天然气液化项目总包合同（执行合同）》。本组证据证明：项目现场高压电未通，属于总包合同约定的“业主不可控制的社会风险、政策风险”这一不可抗力情形，属于不能归责于被申请人的原因，现在生产线暂不能试运行，被申请人并未从中得利、反而承担不能预期生产造成的经营损失和沉重的项目资金银行贷款利息，被申请人自始至终在努力与当地政府、电力部门积极协调解决该问题，对此被申请人和申请人对因为该不可抗力原因导致的工期延迟和付款延迟互不负违约责任。

此后被申请人提交了第一组补充证据材料：

补充证据 1－1：《中国建设银行网上银行电子回执》《C 公司收据》。证明 C 公司对于工程款支付的真实意思表示是由被申请人直接向其支付，而不是授权由申请人代其收取工程款。

补充证据 1－2：1－2－1《A 公司安山 50×104Nm3/d 天然气液化项目勘察、设计、采购及施工总承包招标文件》；1－2－2《设计与施工说明》；1－2－3《关于 A 公司用电报装情况的说明》。证明被申请人在招标文件已经告知承包联合体“拟建项目周边可提供单回路 10kV 电源”，而承包联合体提供的设计未对项目所在地供电情况进行综合考虑，进行了错误的设备选型，单台设备功率高达 8000kW，整个项目用电容量达到 13430kVA（三台高压电机容量分别为 8000kVA 一台和 315kVA 两台，加上 1600kVA 变压器两台，总计 13430kVA），导致项目所在地供电局在完成 10kV 升级改造后仍然无法满足项目使用要求（见被申请人举证的证据 3－5《关于 A 公司用电报装情况的说明》）。承包联合体应对项目方案设计不当导致项目用电超过招标文件规定的当地供电条件，造成项目无法按期投产承担过错和违约责任。

补充证据 1－3：电话录音（光盘、文字版）。证明根据公安部发布的《建设工程消防验收评定规则 GA836－2016》（2016 年 9 月 1 日起实施）第七条规定："7.1 对于大型建设工程需要局部投入使用的部分，根据建设单位的申请，可实施局部建设工程消防验收。"以及经被申请人向武汉市公安消防局咨询，可知项目的建筑物可先办理消防验收，建筑物办理完消防验收后方可投入使用。

被申请人提交的第二组补充证据材料：

补充证据2－1：2－1－1《高压供电合同》；2－1－2《情况说明》。证明自2017年7月被申请人现有使用的CNG（压缩天然气）配电房改造完成后，涉案项目的装车服务楼、综合楼、倒班宿舍楼、LNG液化工厂的日常办公用电已经具备可接入被申请人现有使用的CNG（压缩天然气）配电房新增双电源柜实现供电的条件。

补充证据2－2：2－2－1《合同审批表》；2－2－2《定作承揽合同》；2－2－3《盛隆电气集团有限公司汇总报价单》；2－2－4《盛隆电气集团有限公司明细报价单》；2－2－5《A公司对外付款申请表》；2－2－6《中国建设银行客户专用回单》；2－2－7增值税专用发票；2－2－8交流低压配电设备出厂报告。证明2016年12月被申请人向盛隆集团采购低压出线柜GCS一台，用于接入现有使用的CNG（压缩天然气）配电室内给涉案项目的装车服务楼、综合楼、倒班宿舍楼、LNG液化工厂提供日常办公供电，2017年7月低压出线柜GCS安装完毕后，涉案项目的装车服务楼、综合楼、倒班宿舍楼、LNG液化工厂的日常办公用电已经具备接入供电的条件。

补充证据2－3：2－3－1《合同审批表》；2－3－2《A公司新增双电源柜改造》；2－3－3《A公司对外付款申请表》；2－3－4中国建设银行客户专用回单；2－3－5增值税专用发票。证明2017年7月被申请人将其现有使用CNG（压缩天然气）配电房新增双源柜改造完成，涉案项目的装车服务楼、综合楼、倒班宿舍楼、LNG液化工厂的日常办公用电具备接入供电的条件。

补充证据2－4：2－4－1《专变台区分表安装工程合同书》；2－4－2增值税专用发票；2－4－3中国建设银行单位客户专用回单；2－4－4施工图片。证明2017年7月被申请人已完成专变分表安装工程，涉案项目的装车服务楼、综合楼、倒班宿舍楼、LNG 液化工厂的日常办公用电已具备接入被申请人现有使用的 CNG（压缩天然气）配电房新增双电源柜实现供电的条件。

补充证据 2 -5：2 -5 -1 用电电缆照片 1 张；2 -5 -2 配电房部分设施设备情况照片 8 张。证明：1. 涉案项目的装车服务楼、综合楼、倒班宿舍楼、LNG 液化工厂的日常办公用电已经具备可接入被申请人现有使用 CNG（压缩天然气）配电房新增双电源柜实现供电的条件。2. 根据总包合同第一部分第一条第三款约定工艺安装包括从 CNG 压缩天然气母站至该项目的进气管线的安装。目前项目的日常办公用电未通电是因为申请人未将除生产外的电缆接入申请人提供的配电柜所致，因此应由申请人承担违约责任。

补充证据 2 -6：项目建筑核位红线图。证明承包联合体应当按照核位红线图施工与办理规划验收备案手续，否则由此给项目带来不能办理项目规划竣工验收备案的责任应由承包联合体承担。

被申请人提交的第三组补充证据材料：

补充证据 3 -1：《A 公司 50 ×104 Nm3/d 天然气液化项目勘察、设计、采购及施工总承包招标文件》及《招标文件修改书（一）》。证明涉案项目招标内容包括涉案项目的科研、设计（包括初设、施工图设计及预算）、设备采购、施工、安装调试及运行、培训等总承包，即为交钥匙项目。也就是说，申请人为主导的承包联合体参与并负责项目的科研（申请人申请仲裁时举证的申请人与 D 公司签署的设计合同里面也规定了委托事项包括项目的科研和设计，即涉案项目的科研和设计都是由承包联合体成员 D 公司负责完成），其是知道项目当时周边的供电条件的。以申请人为主导的承包联合体提供的项目设计方案存在设计不当，导致项目用电超过当地供电标准，造成设备无法运转、项目无法按期投产，这是影响项目装置性能未能按时考核的主要原因。项目当地政府未能提供 10kV、双回路、8000kVA 的供电条件，这是影响项目装置性能未能按时考核的次要原因，但是属于总包合同第三部分合同格式第十七条约定的“业主不可控的社会风险、政策风险”这一不可抗力情形。

补充证据 3－2：《A 公司 50×104 Nm3/d 天然气液化项目勘察、设计、采购及施工总承包投标文件》（分为商务标书、技术标书）。证明以申请人为主的承包联合体的承包范围包括项目科研、初步设计、详细设计；工艺包设计；成套设备（含非标设备）的设计、制造与采购；工艺工程的工厂成撬和现场勘探、液化厂全部土建工程的施工、工艺装置及公辅工程设备安装施工、项目管理、技术服务、试运行、保运等一揽子工程，承包项目为交钥匙项目。目前以 B 公司为主的承包联合体只完成了项目土建工程（绿化除外）的施工、设备进场安装，尚未完成开车物料的提供、投料试车、保运、培训、质保等合同义务。因此申请人诉请要求支付剩余全部承包款，既不具备付款资格，又不具备付款条件。

补充证据 3－3：《A 公司××镇 50 万立方米/日天然气液化项目可行性研究报告》。证明以申请人为主导的承包联合体参与并负责项目的科研，其是知道项目当时周边的供电条件的。以申请人为主导的承包联合体提供的项目设计方案存在设计不当，导致项目用电超过当地供电条件，造成设备无法运转、项目无法按期投产，这是影响项目装置性能未能按时考核的主要原因。

仲裁庭对申请人提交的证据认定如下：

被申请人对申请人的证据 1、2、3、4、5、6、8、9、10、11，补充证据 1－3、1－4、1－5、1－6，补充证据 2－1、2－2、2－3，补充证据 3－1、3－2、3－3、3－6、3－7 的真实性并无异议，故仲裁庭认可这些证据的真实性。

鉴于补充证据 1－7 系对证据 7 所涉函件的公证文本，其中仅有 2017 年 6 月 5 日函件未经公证，被申请人庭审中亦认可公证文本真实性，故仲裁庭对前述未经公证函件外其他依据都予以认可。

鉴于补充证据 1－1、1－2、1－8 为申请人单方出具，且被申请人不认可这些证据的真实性，故仲裁庭不予认可。

鉴于补充证据 2－4 为申请人单方出具，且被申请人不认可该证据的真实性，故仲裁庭不予认可。

鉴于补充证据 3－4、3－5 被申请人不认可其真实性且与本案待证事实并无直接联系，故仲裁庭不予认可。

鉴于补充证据3－8、3－9为申请人单方出具，且被申请人不认可其真实性，故仲裁庭不予认可。

仲裁庭对被申请人提交的第一组证据、第二组证据中的2－1、2－2、2－7、第三组证据中的3－7、第一组补充证据、第二组补充证据、第三组补充证据的真实性无异议，故仲裁庭认可这些证据的真实性。

鉴于证据2－3、2－4为工程验收手续办理材料，且申请人并未对该证据原件复印件是否一致提出异议，仲裁庭认可这些证据的真实性。

鉴于证据2－5、2－6为电子邮件内容，未经公证，且申请人不认可这些证据的真实性，故仲裁庭不予认可。

鉴于证据3－1、3－2、3－3、3－4、3－5、3－6经核对原件复印件，且申请人并未对原件复印件是否一致提出异议，故仲裁庭认可这些证据的真实性。

二、争议焦点

本案是一件典型的EPC工程总承包合同纠纷案件，由于在合同履行过程中各方疏忽造成的安装设备实际所需电容量高于当地供电部门所能提供的最大高压电水平，导致整个工程无法进行试运行，进而致使工程完工后迟延数年不能竣工验收，最终造成发包人拖欠工程款数千万元不付，而联合体中的三方在面对拖欠工程款时仍然各行其是，其中联合体主办人B公司代表整个联合体积极行使工程款请求权，施工单位C公司未向仲裁委员会申请A公司支付工程款也未参加仲裁庭庭审，设计单位D公司未参加仲裁庭庭审但授权B公司代为主张权利。

本案的争议焦点为：

1. B公司作为联合体主办人是否具有代表联合体申请仲裁的主体资格，联合体非主办人一方能否代表联合体向法院起诉?

2. 仲裁庭确认的事项（如工程款具体数额）能否约束未参与仲裁的C公司?

3. 工程完工并移交业主方超过两年但未办理竣工验收，承包人是否还享有建设工程价款的优先受偿权？

4. 在工程存在质量瑕疵的情况下，业主方应付工程款金额如何确定？

三、学理分析与评析

（一）申请人 B 公司是否具有仲裁主体资格；联合体非主办人一方是否具有代表承包联合体的诉讼主体资格

仲裁庭经审理查明，2013 年 6 月 14 日，A 公司与 B 公司分别作为甲方与乙方代表签订案涉合同，“合同协议书”明确 B 公司为承包联合体主办人，案涉合同第二部分第 1.1.6 条明确，“……乙方对甲方的意思表示视为联合体对甲方的意思表示，甲方对联合体的通知及相关事宜送达联合体主办人处即视为送达乙方”，又根据案涉合同第三部分第 6.1 条第四款约定：“乙方之联合体主办人作为联合体承包商的主体单位，在本项目的设计和施工费用的金额上起到代收代付作用，发票上起到代收代付作用，具体设计和施工发票由乙方联合体成员之设计单位和施工单位直接开给甲方”，结合 2015 年 10 月 20 日 A 公司单独与 B 公司对 C 公司施工范围内的追加土建工程款之支付及结算进行约定，同时案涉工程进度款均由 B 公司代表联合体提出付款申请的实际情况，笔者认为，B 公司作为联合体主办人，有权就案涉工程价款代表联合体对 A 公司作出意思表示，其单独提请仲裁有其合同依据，是本案适格的仲裁主体。

推而广之，当 EPC 承包联合体各方难以达成一致时，联合体中的任何一方都有权代表联合体对外主张权利，但在诉讼过程中涉及的未参加诉讼联合体成员的实体性权利，行权一方是无权处置的，也即联合体对外的约定并不能适用于联合体三方内部。虽然在 EPC 总承包合同当中都会约定由设计、采购、施工三方对总包合同中约定的权利和义务向业主方承担连带责任，但因为三方实际负责的合同履行部分是区别开的，与普通合伙类似，普通合伙人对外承担无限连带责任但对内可以追偿。在本案中，B 公司为联合体主办人具体负责项目，C 公司为项目的工程施工单位，D 公司为项目的设计单位，实际约定的工程价款中设备购买费用和设计费是固定的，只有本案诉争的土建工程价款是变动的。故而 B 公司主张的实际上是

C 公司的工程价款请求权，B 公司的设备采购费用和 D 公司的设计费 A 公司已经全部结算，C 公司出具过复函表示不认可 B 公司与 A 公司的仲裁结果，故而 B 公司和 A 公司达成的仲裁结果对 C 公司有利的，C 公司有权作为联合体成员享受，仲裁结果当中 C 公司如果认为侵害了自身权益的，可以再行起诉 B 公司进行追偿。

（二）仲裁庭确认的事项（如工程款具体数额）能否约束未参与仲裁的 C 公司

笔者认为，仲裁庭在仲裁过程中所确定的应付工程款数额因当事人 C 公司未到庭参加仲裁，该仲裁裁决并不对 C 公司产生约束力。首先，虽然 EPC 工程总包合同约定联合体三方对合同约定的权利和义务共同向 A 公司承担连带责任，但该连带责任仅限定为联合体对外责任，在联合体内部三方的权利义务是存在区别的，合同明确约定 C 公司为施工单位，本案诉争之可变工程价款实际仅为 C 公司施工过程的土建款，与 B 公司、D 公司无关，B 公司在无 C 公司授权且 C 公司未到庭参加仲裁的情况下，无权与 A 公司单独确认工程价款数额。其次，B 公司与 C 公司另签有《建设工程施工合同》，即使 B 公司与 A 公司经仲裁确认了土建工程价款的数额，根据合同相对性原则，该数额也不在 B 公司和 C 公司之间生效。最后，在 EPC 总承包模式下，类似的纠纷也应当遵循此原则，即 EPC 承包联合体中一方代表联合体主张的权利仅就其在合同约定的负责区域内有效，超出其负责领域归属于联合体他方的实体性权利，联合体代表方无权处分。

（三）工程完工并移交业主方超过两年但未办理竣工验收，承包人是否还享有建设工程价款的优先受偿权

本案中，B 公司与 C 公司、D 公司组成总承包联合体参与案涉工程招标，中标后与 A 公司签订案涉合同，系案涉合同约定的总承包方。根据《合同法》（现已废止）第二百八十六条规定："发包人未按照约定支付价款的，承包人可以催告发包人在合理期限内支付价款。发包人逾期不支付的，除按照建设工程的性质不宜折价、拍卖的以外，承包人可以与发包人协议将该工程折价，也可以申请人民法院将该工程依法拍卖。建设工程的价款也就该工程折价或者拍卖的价款优先受偿。"又根据《最高人民法院关于审理建设工程施工合同纠纷案件适用法律问题的解释（二）》（现已废止，本案不再作说明）第十七条："与发包人订立建设工程施工合同的承包人，根据合同法第二百八十六条规定请求其承建工程的价款就工程折价或者拍卖的价款优先受偿的，人民法院应予支持。"故仲裁庭认定，B 公司作为案涉项目工程总承包联合体成员，在 A 公司欠付工程款范畴内享有相应的优先受偿权。

虽然工程已经移交业主方超过两年，但工程始终未能办理竣工验收，根据《最高人民法院关于审理建设工程施工合同纠纷案件适用法律问题的解释（二）》第二十二条规定："承包人行使建设工程价款优先受偿权的期限为六个月，自发包人应当给付建设工程价款之日起计算"。案涉合同虽然在第三部分第七条约定了付款时间和条件，但是该工程因为供电问题无法完成竣工验收，故而付款条件一直未能成就，应当认为本案经过仲裁裁决确认应给付工程款后方才计算六个月的建设工程价款优先受偿权期限。此时 B 公司主张建设工程价款优先受偿权是对联合体共同利益的保护。而且在 EPC 总承包模式下，经常出现的就是"交钥匙工程"，承包人的工作量相较于其他工程建设模式更为庞大，往往会出现承包人垫付资金的情况，这时建设工程价款优先受偿就成为承包人最为重要的利益保护手段，也是实现公平正义的应有之意。

（四）在工程存在质量瑕疵的情况下，业主方应付工程款金额如何确定

仲裁庭经审理查明，B 公司主张 A 公司应支付的工程价款为 61762111.97 元，计算明细为：案涉合同约定的总价款 166000000 元减去案涉合同已付款 124777809 元，与土建结算工程款 57494495.97 元减去案涉合同约定的土建工程款 31354575 元再减去追加土建工程款部分已付款 5600000 元两部分之和。

笔者认为，A 公司是否应支付 B 公司主张的剩余工程价款，应以对案涉工程结算总价、A 公司已付款金额、剩余工程款付款条件是否成就问题的查明为前提。

1. 关于案涉工程结算总价问题

笔者认为，根据2018年6月5日A公司自行制作并向联合体全部成员发送的《关于A公司天然气液化项目审计结算及款项支付情况的告知函》，确认案涉工程土建工程部分最终结算金额为57494495.97元，以及庭审中双方当事人均已认可该土建结算金额的实际情况，故仲裁庭认定案涉结算金额为57494495.97元。

又根据案涉合同第三部分6.1条约定："业主同意向乙方支付合同价格为人民币166000000元。合同价格为'交钥匙'工程的大包干价格。合同价格包括：主要设备价格82000000元，非主要设备价格13000000元，设计价格4300000元；土建工程价格31354575元（31354575元至34000000元增加价款部分业主不予追加土建工程价款；34000000元以上部分经业主审核同意后作为土建追加工程款）；安装工程价格22996280元，工程建设其他费用12349145元……除根据合同约定的在工程实施过程中需进行增减的款项外，合同价格不作调整，业主要求增加的工程可作价格调整，其他的不作调整"，原合同约定中土建以外部分价格为166000000元减去31354575元所得的134645425元，按照固定总价价格不变原则，案涉工程除土建以外部分未经A公司同意价格不作调整，执行原合同总价，故笔者认为，案涉工程结算总价应为案涉合同土建以外部分总价134645425元与土建最终结算价57494495.97元相加所得192139920.97元。

2. 关于A公司主张的B公司未完成之工作问题

B公司主张联合体已完成案涉合同项下全部工作，并于2017年6月5日经B公司、A公司、C公司及工程监理四方签发《工程实体移交证书》，将案涉工程实体移交A公司。A公司对B公司已基本完成现场施工予以认可，但其主张B公司承包范围内尚有如下工作并未完成：（1）土建绿化工程施工；（2）案涉工程验收及提交竣工文件；（3）联机调试、投产保运、人员培训等工作。

首先，关于土建绿化工程施工。案涉合同第三部分第二条"合同范围"明确，案涉工程总承包范围应包括：工程设计、设备制造与采购、安装与施工、场平厂区围墙绿化、联机调试、投产保运、人员培训、质量保修、安全生产、政府审批、工程资料等内容，案涉合同价格包括承包方进行设计、采购、施工、竣工试验、竣工后试验和服务等工作所需全部价款。又根据2017年6月5日《工程实体移交证书》载明“厂区土建工程（除绿化工程外）已完成施工蓝图和设计变更等设计文件上的所有工作内容”的实际情况，B公司确未完成案涉工程土建绿化施工。

但B公司投标文件《投标报价汇总表》并无土建绿化工程，案涉工程结算编审明细表亦未扣减土建绿化工程应予核减的金额，A公司亦未就B公司辩称该部分工程由A公司自行施工且未计入案涉工程结算总价的主张进行反驳，综合考量现有证据，A公司的主张难以成立。

其次，关于竣工验收备案手续办理及竣工文件提交。案涉合同第二部分第10.2条明确B公司应提交的竣工文件包括《竣工验收报告》、营运及设备操作维修手册、项目工程《质量保修书》、相关部门出具的认可或准许使用文件等。鉴于双方当事人庭审一致认可案涉工程并未竣工验收，在此情况下，B公司并不具备提交竣工文件的条件。故B公司确未完成案涉工程所涉施工及竣工验收，相关审批手续确应由B公司办理，如相关审批手续需以业主名义办理的，费用由联合体承担，但费用总额不应超过500000元，费用应从A公司应付案涉工程款中扣除。

最后，关于联机调试、投产保运、人员培训等工作。根据案涉合同第三部分第2.3条以及B公司投标文件《投标报价汇总表》，B公司应向A公司提供技术培训、提交技术操作手册、配合进行系统调试服务、进行投产保运等技术服务，现双方当事人均认可案涉项目未经竣工验收、试车运行，且B公司于2017年10月、12月向A公司移交资料文件中并未包括相关技术服务资料，故B公司确未完成相关工作。结合B公司投标文件《投标报价汇总表》第六项“技术服务”就技术培训、操作手册、保运、配合系统调试服务等服务工作报价共计1200000元，故该部分费用应予扣除。

综上所述，结合B公司未完成工作情况及投标报价文件、相关合同约定，可以认定B公司未完成工作共计1700000元，应从A公司应付案涉工程款中扣除。

3. 关于案涉工程结算款付款条件是否成就及应付款金额问题

就案涉工程高压电未通的原因及责任承担，工程整体因为高压电未通无法进行试运行而无法竣工验收的问题，在案涉合同中对高压电的约定仅为当地可提供10kV高压电，设计单位依此确定了安装设备的选择，A公司也同意了设计方案，并且A公司在知道当地供电水平无法达到设备运行条件之后接受了案涉安装工程、实体工程整体移交，故而A公司对在明知案涉工程已经存在用电问题的情况下完成的设计成果已经认可，A公司不得以此为由进行抗辩。

就A公司主张案涉工程因B公司未按图纸施工导致验线不符合规划未能通过验收问题，虽根据A公司证据《工程验线单》，B公司施工过程确实存在位移，但该证据同样载有“该位移未对规划实施造成较大影响，建议给予验线”的结论，现有证据无法证明主管部门因位移问题不同意案涉工程验收，故仲裁庭难以认定案涉工程竣工验收迟延系B公司施工工程位移所致。

就A公司主张B公司怠于履行竣工验收备案义务，未按通知进行施工接入导致案涉工程竣工迟延问题，A公司虽提交补充证据2-1-1《高压供电合同》、2-1-2《情况说明》、补充证据2-5-1用电电缆照片、2-5-2配电房部分设施设备情况照片，欲证明系B公司不实施相关设施接入工程导致案涉工程验收迟延，但笔者认为，《高压供电合同》签订时间为2019年3月，且根据《情况说明》记载，国网武汉市××区供电公司安山供电所与A公司于2010年一直建立供用电合同关系，而案涉合同系2013年签订，案涉工程2017年完工，前述两证据均不能显示案涉工程现场已实现竣工验收所需通电条件，此外A公司补充证据2-5-1、2-5-2照片未能显示拍摄内容系案涉工程相关设施，难以证明其主张的B公司怠于实施验收工作的行为确实存在，且与工程竣工验收迟延存在因果关系，故A公司的主张难以成立。

就案涉工程结算款付款条件是否成就问题，根据2017年6月5日《工程实体移交证书》记载，案涉工程土建部分未完成综合验收，安装工程仅进行系统吹扫，未完成试车运行，尚不具备完成装置性能考核的条件，鉴于案涉工程竣工验收未能完成并非 B 公司原因导致，结合案涉工程移交至今已超过两年，且在证人出庭陈述案涉工程用电条件的解决时间尚不能明确，现有证据不能证明已完工程质量存在具体缺陷经综合考量合同约定的付款条件不能履行的实际情况下，笔者认为，案涉合同约定了 5% 的工程质量保证金，同时根据《招标投标法实施条例》（此为 2018 年版，已于 2019 年修订）第五十八条规定，“招标文件要求中标人提交履约保证金的，中标人应当按照招标文件的要求提交。履约保证金不得超过中标合同金额的 10%”，同时参考案涉合同约定 10% 履约保函额度，结合 A 公司答辩主张，笔者认为扣留案涉工程合同价款的 10% 是合适的，剩余工程款 B 公司待条件成就后可另行主张。故 A 公司向 B 公司支付案涉工程结算款 192139920.97 元的 90% 即 172925928.87 元是合适的。

就 A 公司应付款金额问题，根据 A 公司第一组证据 1－5 工程款支付明细表、2018 年 6 月 5 日 A 公司自行制作并向联合体全部成员发送的《关于 A 公司天然气液化项目审计结算及款项支付情况的告知函》，A 公司已支付案涉总包合同款 124777809 元及补充协议二月底工程款 5600000 元，共计 130377809 元，双方当事人庭审亦一致认可该已付款金额，结合前述认定 B 公司未完成工作对应的 170000 元应从 A 公司应付工程结算款中扣除，即 172925928.87 元减去 130377809 元再减去 170000 元所得。

虽然 C 公司对此结算价款并不认可，在之后诉 B 公司给付工程价款的诉讼中申请重新确认工程价款数额。但仲裁庭突破了合同的约定，将付款比例定为 90%，扣下了 10% 作为工程质量保证金，这一做法是极富创见的，真正体现了法律的公平正义价值。合同约定的质量保证金是 5%，但本案由于未竣工验收，案涉工程土建部分未完成综合验收，安装工程仅进行系统吹扫，未完成试车运行，尚不具备完成装置性能考核的条件，鉴于案涉工程竣工验收未能完成并非 A 公司、B 公司原因导致，结合案涉工程移交至今已超过两年，且在证人出庭陈述案涉工程用电条件的解决时间尚不能明确，现有证据不能证明已完工程质量存在具体缺陷，经综合考量在合同约定的付款条件不能履行的实际情况下，扣留案涉工程价款 10% 用于保证后续工程实际运行中可能出现的问题是十分恰当的。

四、本案裁判结果

仲裁庭经合议裁决如下：

（一）A公司向B公司支付工程价款40848119.87元。

（二）A公司以40848119.87元为本金，按照全国银行间同业拆借中心公布的贷款市场报价利率，向B公司支付本裁决作出送达A公司之日起至前述第（一）项裁决工程款付清之日止的利息。

（三）B公司在上述第（一）项裁决A公司欠付工程价款范围内享有相应优先受偿权。

（四）本案仲裁费452556元，由B公司与A公司各承担一半。鉴于本案仲裁费452556元已由B公司预交，故A公司应将其承担的仲裁费226278元连同上述第（一）、（二）项裁决款项于本裁决送达次日起10日内一并支付给B公司。

本裁决为终局裁决，自作出之日起生效。

第三部分　建设工程经济法案例

案例一　BOT 高速公路工程合同纠纷诉讼案

姚小葵　孟　雪

一、基本案情

原告：湖南省××局。

法定代表人：谢某某。

委托代理人：陈某，湖南××律师事务所律师。

委托代理人：聂某某，湖南××律师事务所律师。

被告：湖南××有限公司。

法定代表人：刘某某。

委托代理人：鲍某某，湖南××律师事务所律师。

案由：甲高速公路工程合同纠纷

原告湖南省××局（以下简称原告）诉被告湖南××有限公司（以下简称被告）甲高速公路工程合同纠纷一案，于 2017 年 6 月 30 日由某市中级人民法院受理立案。该院依法指定审判员柳某某担任审判长，与审判员王某某、人民陪审员曹某某组成合议庭，适用普通程序公开开庭进行了审理。原告委托诉讼代理人陈某、聂某某，被告委托诉讼代理人鲍某某到庭参加了诉讼，现已审理终结。

原告提出如下诉讼请求：一、被告所收取的费用属于不当得利，请求依法判令被告立即向原告补缴通行费收入125380118.25元及其利息（欠缴通行费金额暂计算至2017年5月31日24时；利息按中国人民银行同期贷款利率，自每笔通行费实际欠缴之日起，计算至通行费收入全部补缴完毕之日止）；二、请求依法判令被告将自2017年6月1日零时起所征收通行费收入上缴原告，由原告进行统一拆分；三、请求依法判令由被告承担本案的诉讼费用。

事实与理由：甲高速公路属于BOT项目，由被告投资建设并享有特许经营权。收费权是经营性高速公路特许经营权的一部分，由省政府统一批复授权。甲高速公路自2007年1月1日起正式收费，自2015年5月7日起正式联网收费。《收费公路管理条例》和《湖南省高速公路条例》对高速公路联网收费有明确规定，联网收费、统一拆分是高速公路经营者的法定义务。湖南省人民政府办公厅《关于做好高速公路车辆通行费征收工作的通知》（湘政办发〔2013〕13号）明确要求车辆通行费实行统一账户管理，按照“全额上解，据实拆分、及时划转”的原则，及时上缴、拆分并足额划缴车辆通行费。湖南省人民政府办公厅关于甲高速公路收费有关事项的批复文件也明确要求：被告经营的甲高速公路需在开通收费后并入我省高速公路网，实行联网、亮证收费。收费票据由原告统一申领和发放，通行费收入按车辆所经路段里程由原告统一拆分。但被告自2015年5月7日正式联网收费以来，从未将所征收通行费收入上缴原告。根据湖南省××厅信息中心拆分中心每月的拆分报表显示，被告每月实际收入为1000万元左右，应得收入500万元左右。也就是被告每月占用其他路段经营单位通行费500万元左右，被告所占用的其他路段经营单位应得通行费收入均由原告垫付。截至2017年5月31日24时，被告共欠缴通行费收入125380118.25元。此前，经原告多次电话催收，被告于2015年12月10日回复《关于偿还省××局的欠款的报告》（××〔2015〕34号），承诺在2015年12月底前上缴部分车辆通行费，剩余部分在2016年3月以前及时上缴。但被告至今仍未按报告承诺上缴通行费收入进行统一拆分。原告又于2016年6月向被告发出律师函，催收应缴通行费及要求做好联网收费工作，被告未进行回复，也未归还欠缴费用。且之后所征收通行费收入也一直未上缴原告。原告为维护自身合法权利，请求法院依法判如所请。

对此，被告答辩称，被告所收取的费用不属于不当得利。

事实与理由：一、被告与湖南省××厅签订的协议明确约定湖南省××厅不得在甲高速公路附近修建竞争性运输道路，而湖南省××厅修建了多条竞争性高速公路项目，被告依据合同约定已申请仲裁，仲裁委员会通知延长裁决期限为2017年11月11日。因此，××厅应当赔偿被告损失，被告收取的费用不属于不当得利。请求法庭中止本案审理，于××仲裁委员会作出仲裁后再继续审理。二、因被告甲高速公路联网仅与乙高速公路存在界限，该开工项目款大部分为乙高速公路公司款项，因乙高速公路公司占用了被告公司70多亩土地，占用了设施及广告牌，被告已经向乙高速公路公司提起诉讼，该案已开庭。故乙高速公路公司应当赔偿被告相关经济损失的部分款项应当从上缴通行费中予以扣减。三、被告与原告结算尚需要20～30日时间，请求法庭给予20～30日的举证期限。

原告为支持其诉讼请求，提交了如下证据材料：

证据材料一：《××公司2015年5月—2017年5月车辆通行费明细表》。拟证明：被告自2015年5月至2017年5月共欠原告通行费125380118.25元。

证据材料二：湖南省人民政府办公厅《关于甲高速公路设站收费有关事项的复函》（湘××〔2006〕228号）（以下简称《复函》）、湖南省人民政府办公厅《关于做好高速公路车辆通行费征收工作的通知》（湘政办发〔2013〕13号）（以下简称《通知》）。拟证明：被告有义务对通行车辆进行联网收费，将车辆通行费及时上缴给原告并由原告对通行费进行统一拆分。《复函》要求被告经营的甲高速公路在开通收费后并入湖南省高速公路网、实行联网、亮证收费，收费票据由原告统一申领和发放，通行费收入由原告统一负责拆分。《通知》明确要求车辆通行费实行统一账户管理，按照“全额上解，据实拆分、及时划转”的原则，及时上缴、拆分并足额划缴车辆通行费。

证据材料三：《关于偿还省××局的欠款的报告》（××〔2015〕34号）、湖南××局公文处理单。拟证明：被告承认欠缴通行费的事实并承诺在 2015 年 12 月底前上缴部分车辆通行费，剩余部分承诺在 2016 年 3 月以前及时上缴。

证据材料四：律师函、EMS 回单。拟证明：原告委托律所向被告邮寄发出律师函，要求被告将甲高速公路实行联网收费，同时将 2015 年 6 月至 2016 年 3 月总计人民币 33216854.77 元的车辆通行费上缴原告进行统一拆分。

证据材料五：《关于偿还省××厅高速公路拆分款项计划的报告》（××〔2017〕9 号）。拟证明：被告承认湖南省××厅于 2017 年 7 月 7 日上午召开的有关“湖南省高速公路 BOT 项目通行费拆分款项”的会议上通报被告欠缴高速公路通行费且未按政策及规章制度执行和上缴欠款属实。

证据材料六：《湖南省××至××线甲高速公路特许经营合同》。拟证明：根据签订的合同第 15.2 款的约定，因国家、湖南省及××厅收费政策及方式的变化，比如甲方需要实现统一管理或执行收费一卡通，则乙方（被告）有义务配合按照统一管理、分路段计费和日清月结的原则将通行费进行拆账支付。

证据材料七：湖南省××厅《关于进一步加强高速公路联网收费管理的通知》（湘××〔2014〕498 号）。拟证明：包括被告在内的各经营性高速公路单位，有义务对通行车辆进行联网收费，并须在每月 5 日前将上月通行费全额上缴至原告通行费汇缴专户，由原告根据湖南省××信息中心出具的拆分报表在每月 10 日前完成资金划转工作。

被告针对原告提交的以上证据材料发表了如下质证意见：

对于证据材料一的真实性无异议，证明目的有异议，没有每天的明细，只有统计数据。数据的计算也没有明确到日，需要被告方核算后才能确定。且原告主张的是被告公司应收取的费用，是湖南省××厅授权，ETC 收费需要返还给被告公司；证据材料二真实性无异议，证明目的有异议。被告系与湖南××厅签订的特许经营合同，根据省政府的文件，起诉被告的主体资格应当是××湖南厅而非原告；证据材料三真实性无异议，证明目的有异议；证据材料四真实性无异议，证明目的有异议；证据材料五真实性无异议，证明目的有异议，约 1 个亿的拆除费应当扣除；证据材料六真实性无异议，证明目的有异议，该合同是被告与湖南××厅签订的合同，直接相对人应当是湖南省××厅。且该证据不完整，完整合同明确约定湖南××厅不得在甲高速公路线附近修建竞争性公路；证据材料七真实性无异议，不能达到原告的证明目的。

被告为了支持其答辩，向法庭提交了如下证据材料：

证据材料一：被告与案外公司的起诉材料，拟证明本案不属于不当得利；

证据材料二：被告与湖南省××厅的仲裁材料，拟证明本案不属于不当得利。

原告针对被告提交的证据材料发表了如下质证意见：

对证据材料一的真实性无异议，关联性及证明目的有异议。被告与乙高速公路公司之间的诉讼与本案无关。原告为被告垫付的通行费包括但不限于应拆分给乙高速公路公司的部分。被告若主张抵扣，应当通过法定程序如财产保全、协助执行，否则原告无权暂扣乙高速公路公司的通行费拆分款，被告不应当自行抵扣，占用原告资金为其垫付费用。对证据材料二真实性无异议，证明目的有异议。被告在特许经营协议项下与湖南省××厅的纠纷与本案无关，垫付通行费的是本案原告。被告在 2015 年 12 月向原告出具的欠款报告即原告证据三已经充分说明被告认可原告为其垫付了通行费以及拆分款项，被告同意归还并提供了还款计划。

经过庭审审查，法庭对上述证据材料认定如下：

对于原告提交的证据材料。证据材料一系原告自行制作的证据材料，被告对其载明的数据内容不予认可，亦无其他证据材料佐证其真实性，故法庭不予认可。对证据材料二、三的真实性、合法性、关联性予以认定；对证据材料四、五、六、七的真实性、合法性、关联性予以认定。

对于被告提交的证据材料一系被告与案外人的侵权纠纷，与本案无关，证据材料二涉及的仲裁亦与本案处理无关，对证据材料一、二均不予以认定。

对于原告在一审庭审（2017 年 9 月 6 日）结束后，于 2018 年 5 月 29 日提交的补充证据材料，由于原告并未向法庭申请延长举证期限，已严重超出举证期限，原告也未说明理由，且庭审结束后提交，同时被告提出异议并拒绝发表质证意见，故对相应证据材料法庭不作认定。

根据采信的证据及当事人的陈述、庭审记录，法庭经审理查明：

2003 年 8 月 26 日，湖南省××（甲方）与××（澳门）有限公司（乙方）签订《湖南省××至××线甲高速公路特许经营合同》，由××（澳门）有限公司设立全资公司即湖南××有限公司（即被告）负责甲高速公路项目的工程设计、施工建设、设备采购、运营管理和合理收费等事项，并承担对特许公路经营权项目的设施进行维修保养的义务。该合同 15.2 中约定，因国家、湖南省及××厅收费政策及方式的变化，比如甲方需要实行统一管理或执行收费一卡通，导致乙方不能独立对本公路项目收取车辆通行费，甲方承诺：凡通过本公路项目的所有车辆的通行费归乙方所有，并按照统一管理、分路段计费和日清月结的原则将通行费进行拆账支付，并承诺乙方派员参加路网的拆账管理，本合同其他条款继续有效。

2006 年 12 月 31 日，湖南省人民政府办公厅作出《关于甲高速公路设站收费有关事项的复函》，其中第五项内容为收费时应统一使用由地税局统一印制的通行费票据。通行费票据由湖南省××局统一申领和发放，通行费收入由湖南省××局统一负责拆分，并按其向各业主单位提供相关报表，收入按规定及时结算。

2013 年 1 月 24 日，湖南省人民政府办公厅《关于做好高速公路车辆通行费征收工作的通知》，通知中载明车辆通行费实行统一账户管理，按照“全额上解、据实拆分、及时划转”的原则，及时上缴、拆分并足额划缴车辆通行费。

2014 年 12 月 18 日，湖南省××厅作出《关于进一步加强高速公路联网收费管理的通知》，通知中载明，湖南省高速公路拆账周期为一个月，各联网收费单位应在每月 2 日前收集、核对所辖收费站报表，汇总后报湖南省××局。湖南省高速公路监控中心对收费原始数据进行核对、整合、校验与初步拆分计算，应在每月 6 日前报湖南省××信息中心。湖南省××信息中心负责收费数据拆分计算、分析，应在每月 7 日前完成拆账报表。各市州高速公路管理处须在每旬的前三天将上旬的通行费全额上缴至高速公路管理局通行费汇缴专户，各经营性高速公路须在每月 5 日前将上月通行费全额上缴至湖南省高速公路管理局通行费汇缴专户，湖南省高速公路管理局应按湖南××信息中心出具的拆分报表，在每月 10 日前完成资金划转工作。

2015 年 12 月 10 日，被告向原告作出《关于偿还省××局的欠款的报告》，载明被告尚欠缴原告 ETC 和全省联网收费的拆账款约 700 万元，同时也欠缴交警和路政的款项约 600 万元，上述两项合计，共欠缴原告约 1300 万元。被告计划在 2015 年 12 月底之前上缴原告部分欠款，剩余部分在 2016 年 3 月以原告与被告清算后的金额为准并及时上缴原告。

2016 年 4 月 28 日，原告向被告发出律师函，要求自该函发出之日起 15 个工作日内，完成甲高速公路联网收费工作，并上缴 2015 年 6 月至 2016 年 3 月拖欠的 33216854.77 元的车辆通行费。

2017 年 7 月 10 日，被告向湖南省××厅发出《关于偿还省××厅高速公路拆分款项计划的报告》，认可欠湖南××厅高速公路通行费拆分款项未上缴，表示争取早日分期分批偿还湖南省××厅的高速公路通行费拆分款项。

二、争议焦点

本案属于 BOT 高速公路工程合同纠纷案件。综观全案，本案主要有以下两个争议焦点：

1. 高速公路工程所争议的法律关系认定问题。
2. 被告所欠缴通行费的金额计算问题。

三、学理分析与评析

（一）高速公路工程所争议的法律关系认定问题

1. 原被告双方的观点

关于高速公路工程所争议的法律关系认定问题，在本案中原被告双方的观点截然不同：

原告认为，被告应补缴的通行费 125380118.25 元及其利息属于不当得利的侵权纠纷。截至 2017 年 5 月 31 日 24 时应补缴的通行费收入 125380118.25 元及其利息应当及时归还给原告；自 2017 年 6 月 1 日零时起所征收的通行费收入应当及时上缴原告，由原告进行统一拆分。

因为甲高速公路属于 BOT 项目，由被告投资建设并享有特许经营权。收费权是经营性高速公路特许经营权的一部分，由省政府统一批复授权。《湖南省高速公路条例》第二十六条明确规定：高速公路应当实行联网收费，统一结算和管理。湖南省高速公路管理机构应当定期向高速公路经营管理者公布收费结算信息，高速公路经营管理者有权查询本单位的收费结算信息。湖南省人民政府办公厅《关于甲高速公路设站收费有关事项的复函》（湘××函〔2006〕228 号）、湖南省人民政府办公厅《关于做好高速公路车辆通行费征收工作的通知》（湘政办发〔2013〕13 号）都证明：被告有义务对通行车辆进行联网收费，将车辆通行费及时上缴给原告并由原告对通行费进行统一拆分。其中批复文件明确要求：被告经营的甲高速公路需在开通收费后并入我省高速公路网，实行联网、亮证收费。收费票据由原告统一申领和发放，通行费收入按车辆所经路段里程由原告统一拆分。上述通知也明确要求车辆通行费实行统一账户管理，按照“全额上解，据实拆分、及时划转”的原则，及时上缴、拆分并足额划缴车辆通行费。根据湖南××信息中心拆分中心每月的拆分报表显示，被告每月实际收入为 1000 万元左右，因此被告每月应该划转原告通行费 500 万元左右。其间，原告多次电话催收甚至向被告发出律师函，被告有时承诺上缴部分车辆通行费，并约定剩余部分的上缴日期，有时干脆不予回复。自 2015 年 5 月 7 日正式联网收费以来，被告从未将所征收通行费收入上缴原告。原告认为，被告没有划转的通行费 125380118.25 元属于《民法总则》（现已废止，本案不再作说明）第九十二条以及《民法总则》（现已废止，本案不再作说明）第一百二十二条关于没有合法根据，取得不当利益，受损失的人有权请求其返还不当利益的规定，被告占有原告通行费款项，属于不当得利，应予返还。同时，《最高人民法院关于贯彻执行〈中华人民共和国民法通则〉若干问题的意见（试行）》（现已废止）第 131 条还规定：“返还的不当得利，应当包括原物和原物所生的孳息。利用不当得利所取得的其他利益扣除劳务管理费用后，应当予以收缴。”因此，上述没有划转的通行费的利息也应一并返还。

被告认为，原告诉请的款项不属于不当得利。因为被告与湖南省××厅签订的特许经营合同表明，甲高速公路属于BOT项目，由被告投资建设并享有特许经营权。收费权是经营性高速公路特许经营权的一部分，由省政府统一批复授权。原告仅系根据湖南省人民政府办公厅、湖南省交通运输厅的要求，对高速公路通行费收入进行统一拆分。因此这笔款项由被告方占有存在合法根据，本案所诉争的法律关系，并不符合《民法总则》第一百二十二条“因他人没有法律根据，取得不当利益，受损失的人有权请求其返还不当利益”所规定的适用条件，本案应当属于合同纠纷。

2. 我们的观点

在《民法典》颁布以前，我国法律中关于不当得利的规定，无论是《民法通则》还是《民法总则》都仅仅只有一个法律条文，相关司法解释也只有一个条文，这就导致简单的法律事件因为缺乏法律的相关规定而在司法实践中难以迅速得到解决。

对于被告应当补缴的通行费是否构成不当得利，只能根据法律规定的构成要件加以判断。在不当得利构成要件中，证明一方受益、他方受损的事实并非难事，难在认定获得利益是否存在无法律上的原因。没有法律上的原因是指获取利益以及保有利益缺乏法律的正当性，绝非因程序不当而取得利益。基于此，认定是否存在法律上原因必然要根据我国《物权法》（现已废止）、《合同法》（现已废止，本案不再作说明）等法律制度进行认定。

甲高速公路属于BOT项目，由被告投资建设并享有特许经营权。原告与被告签订了《湖南省××至××线甲高速公路特许经营合同》，由被告负责甲高速公路项目的工程设计、施工建设、设备采购、运营管理和合理收费等事项，并承担对特许公路经营权项目的设施进行维修保养的义务。该合同中还约定凡通过本公路项目的所有车辆的通行费归乙方所有。同时，湖南省人民政府办公厅作出《关于甲高速公路设站收费有关事项的复函》，复函第五项内容为，收费时应统一使用由省地税局统一印制的通行费票据。通行费票据由省高速公路管理局统一申领和发放，通行费收入由省高速公路管理局统一负责拆分，并按其向各业主单位提供相关报表，收入按规定及时结算。根据《合同法》第二条规定，合同是平等主体的自然人、法人、其他组织之间设立、变更、终止民事权利义务关系意思表示一致的协议。高速公路 BOT 模式是目前工程建设尤其是高速公路建设中十分活跃的模式，原告与被告签订了高速公路特许经营的合同，这是一种双方达成合意的合法的行为，绝非没有合法依据。因此，本案的纠纷是合同纠纷，原告诉请被告补缴的通行费 125380118.25 元及其利息不属于不当得利。

（二）被告所欠缴通行费的金额计算问题

本案中另一个具有争议的问题就是原被告双方在没有任何对账结算或进行审计的情况下，如何具体认定被告所欠缴通行费的金额问题，这在政府与项目公司签订的特许经营合同中是常见的问题。

1. 原被告双方的观点

原告认为，被告自 2015 年 5 月 7 日正式联网收费以来，从未将所征收通行费收入上缴原告。根据湖南省××信息中心拆分中心每月的拆分报表显示，被告每月实际收入为 1000 万元左右，应得收入 500 万元左右。也就是被告每月占用其他路段经营单位通行费 500 万元左右，被告所占用的其他路段经营单位应得通行费收入均由原告进行垫付，截至 2017 年 5 月 31 日 24 时，被告共欠缴原告通行费收入 125380118.25 元。

被告认为，原告所称根据湖南省××信息中心拆分中心每月的拆分报表显示被告每月实际收入并没有具体到每天的明细，只有粗略的统计数据，具体数额还有待进一步的核实。且原告主张的通行费是由湖南省××厅授权给被告公司的，是其应收取的费用。

2. 我们的观点

本案被告于 2015 年 12 月 10 日曾向原告发出的《关于偿还省××局的欠款的报告》、2017 年 7 月 10 日向湖南省××厅发出《关于偿还省××厅高速公路拆分款项计划的报告》证明：其一，被告曾主动表示将及时上缴高速公路通行费拆分款项，表明被告承认自己有上缴高速公路通行费拆分款项的义务；其二，被告知悉自己欠缴原告或湖南省××厅高速公路通行费拆分款项未上缴的事实。结合湖南省人民政府办公厅2006年12月31日作出的《关于甲高速公路设站收费有关事项的复函》及2013年1月24日作出的《关于做好高速公路车辆通行费征收工作的通知》、湖南省××厅2014年12月18日作出的《关于进一步加强高速公路联网收费管理的通知》内容，根据以上证据可以看出被告确实有向原告上缴高速公路通行费的义务。

但由于本案原告诉请被告补缴的高速公路通行费高达一亿多元，并且原告所提交的《××公司2015年5月—2017年5月车辆通行费明细表》证据材料经调查是原告自身制作，且无其他证据材料佐证，因此，这一证据材料不具有任何效力。而其提交的由湖南省××科技信息中心盖章的《甲高速公路201505—201708实收实得收入统计表》，应属于原特许经营合同相对方湖南省××厅自行出具的证据材料，在无其他充分、详尽证据材料佐证，被告方未予认可，双方未经任何对账结算或进行审计等情况下，对于多达一亿多元的高速公路通行费，仅凭该统计表显然无法客观、具体、详细地认定被告应缴的具体金额情况。因此，依据《民事诉讼法》第六十四条“当事人对自己提出的主张，有责任提供证据。当事人及其诉讼代理人因客观原因不能自行收集的证据，或者人民法院认为审理案件需要的证据，人民法院应当调查收集。人民法院应当按照法定程序全面地、客观地审查核实证据”以及《最高人民法院关于适用〈中华人民共和国民事诉讼法〉的解释》（此为2015年版，已于2020年12月修正，本案不再作说明）第九十条“当事人对自己提出的诉讼请求所依据的事实或者反驳对方诉讼请求所依据的事实，应当提供证据加以证明，但法律另有规定的除外。在作出判决前，当事人未能提供证据或者证据不足以证明其事实主张的，由负有举证证明责任的当事人承担不利的后果”之规定，原告理应积极、勤勉地参与诉讼、准备证据材料，因客观情况无法取证亦可依法向法院申请调查取证，但反观本案，经法院当庭及庭后多次释明，原告仍未提供确实、充分、有效的证据材料证实其主张，亦未向法院申请调查取证，因而应当承担举证不能的不利后果。双方只能就该通行费的具体金额另行协商确认。

（三）我国当前高速公路 BOT 建设项目的风险及解决策略

BOT（建设—运营—移交），是指项目公司从政府方获得基础设施项目的特许经营权进行项目的投融资、建设、经营与管理，并且项目公司在特许期限内，通过项目的经营收回成本并获得收益。期满后，项目公司将该项目无偿移交给政府，这是一种以特许经营为基础进行项目融资的投资建设方式。BOT 模式对基础设施的经营效率以及资金问题的解决有很大的帮助。因此，BOT 模式在世界尤其是在发展中国家得到广泛应用，是基础设施项目建设中常用的融资手段。一般情况下，特许经营期限较长，为 25 年到 30 年。当前我国民营资本进入高速公路建设项目中，主要看中的是高速公路稳定的利润增长、政府政策的倾斜、持续增长的城市家庭小车拥有率等优势。但众所周知，利润和风险是一对孪生兄弟，高速公路长达几十年的经营期及瞬息万变的社会经济环境必然也会给投资人带来很多不确定性的风险。

当前，我国高速公路 BOT 建设项目存在的风险主要有：

1. 资金流风险

当前高速公路 BOT 建设项目的运行，政府一般要求投资者自身具备一定的投资资金（一般情况下占总额的 25% ~30%），其余的则需要向银行申请贷款。而银行一般会以高速公路联网收费质押的方式，来保障其贷款的优先受偿。当高速公路收费已经不能偿还贷款当期本息时，贷款就面临逾期的困境，此种情况下收费质押也无法对抗司法划扣。当高速公路项目公司官司缠身时，一个个生效判决就会导致收费资金池的资金流失。高速公路作为特殊的基础设施，其设计通常要考虑为未来留有余地，因此在开通年内车流量偏少符合其本身的技术特性，但该种做法却使高速公路管理公司在通车后几年的经营中会存在很大的资金缺口，通行费收入甚至无法偿付银行利息。在不能按照原有投资周期布局投资并回收的局面下，企业可能因为涉及高额债务而无法经营下去，投资者往往选择提前收回实际投资并把烂摊子留给他人和社会的做法。

2. 政府与公司项目资金混乱的风险

在高速公路 BOT 建设项目中常因项目涉及多方，因此其内部资金管理异常混乱导致金钱类纠纷产生。高速公路的收费基本分为两个部分：一是联网收费，主要是 ETC 收费和移动支付收费；二是现金收费，在一些管理混乱的项目公司，现金收费不缴存监管银行，甚至个人私分的现象屡见不鲜，从而增加银行等债权人的风险[①]。本案被告经营的××至××甲高速公路，湖南省政府明确要求车辆通行费实行统一账户管理，按照“全额上解，据实拆分、及时划转”的原则进行收费，并将收费票据由原告统一申领和发放，通行费收入按车辆所经路段里程由原告统一进行拆分。这样的制度安排可以大大降低工程建设项目中金钱类纠纷的产生，是防范风险的好办法。

3. 市场变化不确定性的风险

由于占地面积的不同，高速公路的征地补偿标准本来就低于铁路的征用标准[②]，同地同酬提出后大大增加了开发商的成本。高速公路征地拆迁伴随市场形势的突变，拆迁费用就会成倍数往上攀升。如果同期国内市场上钢材水泥等建材涨价甚至脱销，工程建设成本则会追加严重。这些因素都导致承建的高速公路成本往上攀升的风险。

4. 投资环境的风险

投资环境是社会经济环境和国家政治环境的综合。无论是建设高速公路当地的小环境，还是国内及国际的大环境，投资人在风险承受上的能力都是脆弱的。比如投资商在建设的过程中，往往有农民阻工的现象发生，使征地工期大大超过开发商与政府签订的特许经营合同的期限，同时导致设备停滞、人员闲置，造成大量的人力物力的浪费和损失。

5. 拖欠工程款项的风险

BOT 高速公路建设项目对完善地方路网大有好处，一般地方政府都非

---

① 参见夏会兰．当前高速公路收费管理中的问题及对策研究［J］．交通财会，2019（9）：66－72.

② 参见孙淑云．高速公路 BOT 项目特许定价的关键风险分担研究［D］．大连理工大学，2006.

常支持。如在征地拆迁方面，先征地、后付款，或先付部分款项，拖欠一部分。而只要一开工，由于工程款项支付压力很大，这个时候土地已经交付使用了，却顾不上征地拆迁款了，只能先欠着。

由于建筑业市场的高度竞争，高速公路建设业务成了拖欠工程款的重灾区。特别是民营 BOT 项目，更是以垫资当成了首要的中标条件。施工单位为了业绩、经营规模等目的，一窝蜂闯入了高速公路施工市场。因为高速公路施工组织的链条很长，涉及层层专业分包、劳务分包等，不少的施工企业因为项目欠款，殃及施工单位本身及其他项目。从目前的情况来看，高速公路工程款拖欠十几年的比比皆是。

高速公路的修建，需要大量的用工。由于工程款支付不及时，到工程完工时，欠付农民工工资的项目也不鲜见。

解决上述问题的主要路径有两条：

第一是走破产程序。

破产的好处是一劳永逸地解决债务。但是也会随之带来很多不可逆的后果，如破产后特许经营权的继受、道路的后续经营管理等众多问题。同时，由于破产的过程十分冗长，不可避免地会造成一些不好的社会影响。

第二是特许经营权的拍卖。

为了使道路经营管理正常运行，同时筹集资金解决巨额债务，拍卖 BOT 项目的特许经营权可能是项目公司解决上述问题的最佳选项。将特许经营权拍卖而不是协议交易，是引入司法的平台和手段，是更稳妥、彻底地解决所有债务的重要途径。正确运用司法手段，就会将所有债务按照法律规定顺位和按司法程序逐一清偿。

但为何拍卖的是特许经营权，而不是项目公司的股权？这主要是因为一个被债务缠身的公司股权，并不具有交易的可操作性。股权进行变更，公司本身仍然存续，并不能从根本上解决公司的债务问题。但是拍卖特许经营权，将意味着竞得者购买的是一个完整、干净的资产性权利，其与原项目公司的债务无任何关系，可以没有任何顾虑地管理经营好高速公路项目。

当然，必须看到，拍卖高速公路特许经营权，从法理上讲，是对公司股权所应包含的财产权的一种架空和挑战，拍卖公司特许经营权的结果是使项目公司成了“光杆司令”，名下没有任何权利性的财产。其从本质上讲，拍卖高速公路特许经营权相当于破产。

四、本案裁判结果

本案原告诉请被告补缴通行费 125380118.25 元及其利息，并要求被告上缴新收车辆通行费由原告进行统一拆分，而被告辩称不属于不当得利，湖南省××厅违背了被告与其签订的协议，被告已申请仲裁，被告同时起诉了案外人湖南乙高速公路公司，并且被告与原告还未结算。根据审理查明的事实及原告诉称、被告辩称可知，被告与湖南省××厅曾签订特许经营合同，由被告享有甲高速公路的特许经营权，原告系根据湖南省人民政府办公厅、湖南省××厅的要求，对高速公路通行费收入进行统一拆分。综上所述，被告有向原告上缴高速公路通行费的义务，原告亦有向被告收取相应高速公路通行费的权利，但原告未能举证证明该高速公路通行费的具体金额，双方可以就该通行费的具体金额另行协商确认，原告亦可通过其他方式另行主张权益。故，法庭对于原告的诉讼请求不予支持。

法院依照《收费公路管理条例》《中华人民共和国民法总则》第一百二十二条、《中华人民共和国民事诉讼法》第六十四条、第一百四十二条、第一百五十二条、《最高人民法院关于适用〈中华人民共和国民事诉讼法〉的解释》第九十条、第二百三十二条之规定，判决如下：

（一）驳回原告湖南省××局的诉讼请求。

（二）本案受理费 668700 元，保全费 5000 元，合计 673700 元，由原告湖南省××局承担。

案例二　建设工程劳动合同纠纷仲裁案

史裕隆　李皓鹏

一、基本案情

2014 年 3 月 6 日，A 县甲房地产开发有限公司与于某某、唐某某签订 A 县乙小区 B 区商住楼工程项目承包合同。2014 年 4 月 30 日，于某某、唐某某将乙小区 B 区 1－4 栋的外砌砖等劳务工作发包给被告人李某某。李某某共聘请 83 名民工，未与民工们签订劳动合同，仅口头约定了从 130 元到 200 元不等的日工资数额，且在施工安排中，民工的上工时间不等且没有考勤记录。自 2014 年底起，李某某开始拖欠民工何某某、阮某某等的工资，何某某等人多次讨要均未足额发放。2015 年 4 月，李某某最后一次与民工结算工资后仍然有部分工资没有发放，在此期间李某某对部分民工写下了欠条，据记录共计 56320 元；其余民工所拖欠的工资没有欠条记录也没有账本账单，经核实后认定共计 78097 元。

民工众人于 2015 年 6 月 16 日向 A 县劳动争议仲裁委员会申请仲裁，推举何某某、阮某某、周某某为代表，要求李某某支付所欠款项。A 县劳动争议仲裁委员会依法组成合议制仲裁庭，但被申请人李某某收到书面通知，无正当理由拒不到庭。

二、争议焦点

1. 拖欠薪资的数额如何认定?
2. 工会组织的监督作用如何发挥?
3. 政府部门的调控手段有哪些?

三、学理分析与评析

（一）拖欠薪资的数额如何认定

农民工付出劳动来获取雇主支付的工资，而依法签订的劳动合同是发生劳资纠纷时的有力证据，因此劳动合同上的条款在真实意思表示的情况下才能保护好自己的权益。通常在有合同的情况下，实际工资与合同上所注明的工资是相同的，因此计算拖欠的工资时，结合合同上的工资数额和最后发放工资的数额便可以计算出所拖欠的工资数额。若采用的是浮动工资，则还需要根据该公司的浮动工资计算方法计算得出实际的工资。

具体到本案例中，李某某并没有与所聘用的农民工签订劳动合同，仅口头约定了日工资，同时也没有保留下相关的账本账单。而被拖欠工资的农民工们，仅有数额共计 56320 元的欠条，剩下的 78097 元被拖欠工资没有实物证据，仅能依靠互相作证的方式确定。因此关于被拖欠的工资在证据上有所欠缺，在对被拖欠薪资的数额和劳务关系是否真实存在这两方面的认定上存在一定的问题，而这些难以被认定的部分往往就是最容易受到侵害的合法权益。

在农民工欠薪案件中，劳动者需要证明自己与雇主有劳务关系。依据《工资支付暂行规定》第六条，用人单位必须书面记录支付劳动者工资的数额、时间、领取者的姓名以及签字，并保存两年以上备查。用人单位在支付工资时应向劳动者提供一份其个人的工资清单。对于劳务关系的举证，可以通过入职时的登记表、用工单位发放的各类证件、有负责人签字的薪资文本、工作中来往的电子信息等来证明。具体到本案例中，对于持有欠条的一部分农民工而言，李某某所出具的欠条足以证明他们之间的劳务关系和所欠薪资的数额。

对于工资数额的认定，在有合同约定的情况下，一般依据合同确定；实际工资如果低于在合同中约定的固定工资时，举证责任在劳动者，劳动者需要证明实际工资的数额，比如工资条、转账记录，或者通过其他同工的同事以及录音录像来证明实际的工资数额。在没有合同约定的情况下，应当根据双方当事人的陈述以及所出示的相关证据来证明，如工资转账凭据、人证、录音证据等。

本案中被申请人李某某与农民工之间未签署书面合同，对工资仅有口头约定，没有实际的书面证据。A县甲房地产开发有限公司作为承包方，与于某某、唐某某签订的是A县乙小区B区商住楼工程项目承包合同。被申请人李某某与于某某、唐某某签订的劳务承包合同系非法转包，李某某不具有用工资格，其雇佣83名农民工的行为属“非法用工”，此处的非法指的是李某某作为“包工头”，不具备资质而承包了建筑工程，并非其不能招用劳动者进行劳动。在被申请人李某某与乙小区承包建设工程的于某某、唐某某所签订的劳务承包合同中，于某某、唐某某有已被证实的工程量、收款收据、结算情况证明、已结算工程款，从而从本案中脱身。被欠薪的农民工中有相当一部分未持有书面的欠款证明，对欠款数额的申报也只能是当事人之间的相互作证，证明力较低，使得这部分数额处于真伪不明的状态，依据举证责任的分配，应当是由负有举证责任的农民工一方承担不利后果。这就警示我们一定要注重与用人单位签订书面合同，对于无书面合同的情形，取证难度、举证难度等方面都会直线上升，若无其他足以佐证的证据，则很有可能会承担败诉的风险。

（二）如何发挥工会组织的监督作用

《劳动法》（此为2009年版，已于2018年修正，本案不再作说明）第八十八条规定：各级工会依法维护劳动者的合法权益，对用人单位遵守劳动法律、法规的情况进行监督。任何组织和个人对于违反劳动法律、法规的行为有权检举和控告。

包括本案在内，身边常会看到许多欠薪案例。在这些案例中，我们很难在欠薪事件发生之前看到工会组织的身影，我们似乎更习惯于在欠薪事件发生后，才能看到工会组织调解；而对于农民工这个群体而言，大部分情况下是没有工会组织存在的。本案中，李某某作为“包工头”，非法转包、非法用工的情况无人监督，其与所雇佣的民工间没有签订劳动合同的情况以及是否按时发放薪资的情况也无人监督。倘若有一个能积极发挥监督作用的工会组织存在，减少该类欠薪案件的数量大概是可以被期待的。

欲使工会积极发挥监督作用，首先应当使其有效存在。工会与普通的行政机关不同，行政机关所服务的对象是全体公民，但是工会所服务的对象仅限于本工会的会员。但是就目前现实情况来看，农民工较强的流动性使得一个特定工会的服务对象是不确定的，这也在一定程度上降低了工会组织的效用。

虽说工会仅服务于会员，为了更大发挥工会效用，应当扩大服务对象范围，尽可能多地扩大会员人数，但仍然应当秉持自愿原则，没有必要要求农民工强制入会。若是能在保障农民工权益方面作出实事，那么即使不强制，农民工的入会意愿也会高涨；若是作不出实事，纵使强制，也只不过是个摆设罢了。

在实践中，组织农民工工会的一个难点就是农民工的流动性过强。一个工程的施工时间虽然大多数以年为单位计算，但是并非所有农民工都会参与全部工期，这就导致农民工可能在各工地间流动，给确定工会会员工作带来很大困难。针对这一问题，我们认为，不必以单位为基准建立工会，而是以行政区划为基准建立工会——在省级建立总工会，市级建立分会，采取各工会之间统一联网的形式，简化会员资格的登记、转接等程序，以“身份证绑定会员证”的方式，方便农民工入会、转会。同时精简人员，突出工会的“监督”职责，这是法律赋予工会的主要职责，自然应该以此为重点，强调事前监督，及时发现问题后先组织协商，协商不成的向主管机关举报。

此外，还应适当改变工会费用的收取方式。当前工会大多是收取固定费用或者以会员职工工资基数的百分比收取会费，这种模式既加重了农民工的负担，也因没有引入激励机制而导致工会办事效率不高。所以应引入绩效机制，免去农民工缴纳的会费，将工会的运营成本来源设定为由工会所举报的用人单位违法后的罚金的一部分。这样一方面使得农民工“零费用”加入工会，提高其加入工会的意愿；另一方面也能鼓励工会积极进行事前监督，充分行使其职权。

（三）政府部门的调控手段

综观全案，政府在农民工讨薪的整个过程中，行政性的手段具体体现在人社局下达的劳动保障监察限期改正指令书，介入时间整体来看是偏晚的，介入时农民工合法的获得报酬权已经受到了侵害。政府的行政手段与刑法的惩戒不同，刑法讲求谦抑性，而行政手段并不一定要在实害结果出现后才介入。并且在侵害行为发生后，政府行政行为并不能实际地解决欠薪问题，人社局不能通过劳动保障监察限期改正指令书去强制执行李某某的财产，若李某某拒不支付欠薪，欠薪问题的解决则需要依靠司法程序。那么政府有必要提前介入，以期在权利受侵害的初期就能给受侵害的权利以救济。

关于政府对农民工报酬请求权的保障，我们认为应该从以下三个相互联系的制度建设入手。

1. 积极推进个人破产制度

2020 年 8 月 26 日，深圳人大表决通过了《深圳经济特区个人破产条例》，为个人破产这一举措在我国的实施和探索迈出了坚实的一步，堪称"破冰之举"。该条例表明了个人破产制度从本质上来讲是救济，申请破产要有"诚实"和"不幸"两个关键词。我们认为，对于确无支付能力的行为人，引入个人破产制度，使其"体面退出"，不失为保护被欠薪者报酬请求权的一条路径。

（1）个人破产制度可以使得被欠薪者的报酬处于优先受偿地位

劳动报酬位于清偿顺序的优先地位。以《深圳经济特区个人破产条例》为例，其第八十九条规定："破产财产在优先清偿破产费用和共益债务后，其他债务依照下列顺序清偿：（一）债务人欠付的赡养费、抚养费、扶养费和专属于人身赔偿部分的损害赔偿金；（二）债务人所欠雇用人员的工资和医疗、伤残补助、抚恤等费用，应当缴入雇用人员个人账户的基本养老保险、基本医疗保险等社会保险费用，以及依法应当支付给雇用人员的补偿金；（三）债务人所欠税款；（四）普通破产债权，其中债务人的配偶以及前配偶、共同生活的近亲属以及成年子女不得在其他普通破产债权人未受完全清偿前，以普通债权人身份获得清偿；（五）因违法或者犯罪行为所欠的罚金类款项。破产财产不足以清偿同一顺序债权的，按照比例分配。"由此可见，除去破产费用和共益债务，工资在破产财产分配中列于第二顺位，其获得清偿的可能性是较大的。

（2）债务人不当处分的财产可以被追回以清偿债务

非法转让财产也是被禁止的。《深圳经济特区个人破产条例》中的第四十条规定了对债务人财产不当处分的撤销，包括无偿处分财产或者财产权益、以明显不合理的条件进行交易、为无财产担保的债务追加设立财产担保、以自有房产为他人设立居住权、提前清偿未到期的债务、豁免债务或者恶意延长到期债权的履行期限、为亲属和利害关系人以外的第三人提供担保这七种情形。在第四十一条规定了管理人有权请求撤销债务人的偏颇清偿行为。第四十二条将债务人为逃避债务而隐匿、转移财产、不当处分财产及财产权益和虚构债务或承认不真实债务这两种行为规定为无效。第四十三条则授权管理人有权追回因第四十条、第四十一条、第四十二条而取得的债务人的财产。由此可见，在个人破产程序中，弱势一方的被欠薪者的报酬请求权是能够获得保障的。

2. 建立政府劳动保障基金制度

当然，纵使个人破产程序得以大范围推行，从已有的企业破产所得的经验来看，在实践中，走完破产程序也需要一段相当漫长的时间。在企业破产程序中，一般会出现会计账目混乱、债权债务关系繁琐等情况，这使得清理所有债权债务，变价给各债权人受偿的工作旷日持久。虽然在个人破产程序中，启动困难程度会低于企业破产，但是破产流程依旧众多。有道是“麻雀虽小，五脏俱全”，走完一整套流程后，被欠薪者对其所获清偿是否满意尚是未知数。且在建设工程相关案件中，被欠薪者大多数是农民工，其中又有大多数都处于“等米下锅”的状态，耐心等待破产程序结束再获清偿的要求对他们而言是过高的。所以有必要在个人破产制度的救济之外对农民工进行特别保护以加快农民工所被欠薪资的给付流程。

为加快该流程，可以由政府出面建立一笔劳动保障基金，在工程中出现欠薪的情况时，由政府先行垫付欠薪，垫付后政府就已支付的劳动报酬的数额取得代位求偿权，参与破产程序或财产处置程序①。其重要性在于：

① 林国，徐婉娴，余如锋．从民法的视角探析拒不支付劳动报酬罪的完善［J］．中国劳动，2018（9）：64－69.

（1）保障农民工的权益

由于破产程序繁琐，农民工若是仅在破产程序中申报债权以等待清偿，虽然有受偿的优先权，但是漫长的等待期是不可避免的。虽然建设工程的周期一般较长，但是农民工中外来人口较多，流动性较强，很难一直在某地等待债权清偿。每年年末各地争相报道的政府为农民工成功讨薪的新闻也从侧面说明了这个问题、政府需要保障农民工在离开当地前获得薪酬，而快速的劳动保障基金支付渠道可以在一定程度上缓解讨薪时间上的压力，有助于保障农民工的权益。

（2）维护社会的稳定

社会的稳定是压倒一切的，可以说我们各种规则制定的最终目的就是保障社会的平稳发展。劳动保障基金的快速反应机制可以让农民工及时受偿，这是解决劳资纠纷以及预防后续可能出现的一系列问题立竿见影的办法。

（3）支付的数额以所欠薪资数额、财产评估额为限

在破产程序进行时，债权人所申报的债权种类是相对繁多的，劳动保障基金并不能悉数清偿所有申报的债权，而是专门用以清偿报酬请求权；且在清偿前需要对破产企业或个人的现有财产作出评估，以最终评估额为上限，若所欠薪资低于最终评估额，则清偿数额为认定后的所欠薪资数额，若所欠薪资高于最终评估额，则清偿数额为最终评估额。该政府代为清偿行为发生在组织拍卖之前或者破产程序终结之前，政府先行从劳动保障基金中支付劳动报酬，使得被欠薪者从持久的法律程序中解脱出来，之后政府再从拍卖款或者破产财产中得到清偿，以保证该基金的正常流转使用。

在基金的运转过程中，存在基金所垫付的数额很难得到足额清偿的问题。因为在破产程序启动时，破产人已经处于一种资不抵债的状态，虽然代为支付后政府可取得优先受偿权，但是最多也就是足额受偿，在很多情况下，最终受偿的数额可能少于先前垫付的数额。从长远来看，单凭该基金自行运作，必将出现一种入不敷出的亏损状态，不能长久运行。因此，需要为其“开源”，我们认为在建设工程中宜推行劳动报酬预付提存制度。

3. 推行建设工程劳动报酬预付提存制度

劳动报酬预付提存制度针对的是建设工程款项中的预付款。在发包方将工程发包给承包方时，往往会向承包方预付一笔工程款，用以启动工程，被称为预付款。我们认为，对于进行了招投标的工程，可以要求从这笔预付款中抽出一定的比例，先期交由劳动部门提存，作为承包方将来会按时发放劳动者劳动报酬的保证，若是将来发生了欠付劳动报酬的行为，则由政府以该笔款项数额为限，代为发放劳动者的劳动报酬。对于未进行招投标的工程，能否适用此制度尚需进一步研究。

（1）劳动报酬提存部门为工程所在地的市级劳动部门

对于一项工程是否发生了欠付劳动报酬等问题，工程所在地的基层劳动部门是能够较为快速地发现并解决的，所以该款项不宜为省级的劳动部门所掌握，否则所有的问题都要到省级劳动部门解决，这不仅不适合“基层解决问题”的理念，也使得省级劳动部门过于繁忙以至于降低行政效率，但并不妨碍其监管职能的行使。同时，该款项也不宜由县级或以下劳动部门掌握，因为这一部分款项数额较大，基层的监管较为困难，在缺乏监督的情况下可能会使得其不能发挥原本应有的效果。

（2）对于欠付劳动款的用工方，政府代为发放后依旧要进行处罚

虽然将工程预付款中的一部分进行了提存，但是这并不意味着免除了承包方支付劳动报酬的义务。支付劳动报酬依旧是用工一方的义务，并不因为实际履行义务的行为为政府所代为实行而免除了用工方未履行义务所应当承担的责任。用工方依旧应当依据双方约定，按时、足量向劳动者发放劳动报酬，对于不履行此义务的，不影响对其行政责任的追究。对于经政府责令支付而拒不支付的，政府代为支付的行为不能视为用工者已支付劳动报酬，依旧应当追究其拒不支付劳动报酬罪的刑事责任。但是毕竟劳动报酬已经被代为支付了，法益损害已经被挽回或减小了，对用工方可以减轻处罚。工程继续进行的，应当补足已支付的数额作为未来将如期支付劳动报酬的保证。

（3）对于未欠付劳动款的用工方，工程验收合格后提存数额全额返还

将工程预付款中的一部分作为未来如期支付劳动报酬的保证而提存，

这并未改变其保证金的性质，保证金在履约完成后应当返还支付方，劳动报酬预付提存金也概莫能外。一般来说，工程验收合格是工程结束的标志，也是农民工工资的最终结算时间，在这个时间点将全部的提存金额返还用工方，用以支付劳动报酬是合适的。用工方可在工程验收合格后，持提存的文书、验收合格的证明等文件，向提存基金管理部门申请提存资金的返还。

（4）提存款项专款专用，其间所得收益汇入政府劳动保障基金

劳动报酬预付提存的资金，究其本质，是工程款的一部分，也即用工方的预期利润，是用工方的财产，只不过是暂时交由政府保管。对于这一部分私人财产，其使用的对象当然只能是私主体本身，其使用的目的也只能是为特定用工方应支付而未支付的劳动报酬“埋单”，私自挪用或是用于其他用工方都是违反该提存资金的收缴目的的，对于作出以上行为的个人，应当严厉追究其责任。

对于一项工程而言，持续时间是较长的，所提存的资金在这一段时间是会产生利息等收益的，扣除掉政府机关所必需的提存费用等款项后，将结余资金汇入前文所述政府劳动保障基金，在两笔款项中建立单向流通渠道，以此促进政府劳动保障基金的长期稳定运行。

四、本案裁判结果

劳动争议仲裁委员会认为，李某某拖欠何某某、阮某某、周某某等 83 名工人工资 134417 元未支付，虽其中有 78097 元无账本账单证据，但是有劳务承包合同、欠条、说明、收据、申请人陈述、实做工程量统计、乙小区 B 区商住楼工程项目承包合同、银行查询信息、A 县甲房地产开发有限公司提供的工程量、收款收据、结算情况证明、唐某某陈述、于某某陈述等证据，足以证明欠款事实的存在。

根据《劳动法》第五十条、《劳动合同法》第八十五条的规定，裁决如下：被申请人李某某自本裁决书生效之日起十日内向申请人何某某、阮某某、周某某等 83 名民工支付工资共计人民币 134417 元。

根据《劳动争议调解仲裁法》第四十八条的规定，劳动者对本裁决不

服的，可以自收到仲裁裁决书之日起十五日内向人民法院起诉，逾期不起诉的，该项仲裁裁决自作出之日起发生法律效力。

一方当事人拒不履行生效仲裁裁决的，另一方当事人可以向人民法院申请强制执行。

案例三　建设工程质量纠纷诉讼案

谭伊萌　黎回香

一、基本案情

2014 年 5 月 8 日，A 酒店筹建处与 B 建筑工程公司签订《建设工程施工合同》，约定：B 建筑工程公司承包建设 A 酒店的全部建筑安装工程、室外配套设施及附属工程等；工程款委托中国建设银行按工程进度贷款支付；工程质量等级达到省优，奖励 5 万元。在工程施工过程中，因 A 酒店未能及时按约定拨付工程款，加之多次变更局部设计造成反复施工，工期受到严重影响。2017 年 1 月，上述各项工程全部完工。此前，A 酒店于 2016 年对土建安装工程组织了竣工验收，符合要求，并经 C 省住房和城乡建设委员会（现为住房和城乡建设厅，本案不再作说明）评定为省优质样板工程。后因 A 酒店未交纳相关费用，向 D 市城建局申请的验收工作未能如期进行。2018 年 3 月，A 酒店开始试营业。B 建筑工程公司为此先后三次致函 A 酒店，告知该工程未经国家工程质量监督部门验收，不得投入使用，并督促其尽快与质检部门联系组织验收，但 A 酒店仍将未经验收的工程全面投入经营。2018 年 6 月，A 酒店主楼客房部一楼非承重墙局部开始出现裂缝，C 省工程质量监督总站对 A 酒店工程质量问题形成了《关于 A 酒店工程质量问题会议纪要》（以下简称《纪要》），认定一楼非承重墙裂缝是由于地基不均匀压缩变形和湿陷下沉引起的，同时认为设计单位、施工单位、勘察单位、建设单位均存在问题，并提出了处理意见。2020 年 8 月 5 日，C 省住房和城乡建设委员会撤销了 A 酒店省优质样板工程称号的决定。

2018 年 10 月 18 日，B 建筑工程公司以拖欠工程款为由向法院提起诉讼，请求 A 酒店支付拖欠工程款 5801305. 60 元、滞纳金及支付省优工程奖金等。其事实及理由为：第一，B 建筑工程公司与 A 酒店所签订的《建设工程施工合同协议条款》《装修工程施工合同》《建设工程施工合同》及《协议书》均为有效合同。2017 年各项工程竣工后，由中国建设银行 D 市支行对建筑安装工程造价进行结算，三方工程技术人员现场丈量核实，并由三方共同签字盖章确认工程造价为 31075464 元。同时 A 酒店和 B 建筑工程公司双方签字确认原预算中剔除部分及室外工程造价为 800095 元，装潢工程造价为 5070139 元，装修工程造价按合同约定为 400 万元。以上合计 A 酒店工程总造价为 40945698 元。同年 4 月 17 日，B 建筑工程公司与 A 酒店双方财务人员对已付工程款、欠款进行核对，确认 A 酒店已付工程款 35144392.40 元，尚欠 5801305.60 元，其中 B 建筑工程公司未做工程造价为 24826 元。第二，《建设工程施工合同》中约定工程质量等级达到省优，奖励 5 万元，2017 年 1 月 18 日，该工程经 D 市质量监督站核验为优良工程，后又被 C 省住房和城乡建设委员会评定为省优质样板工程。

被告 A 酒店答辩称，虽然有合同约定，但因 C 省住房和城乡建设委员会已于 2020 年 8 月 5 日撤销了 A 酒店工程为 2016 年度省优一级样板工程的荣誉，因此拒绝支付省优工程奖。与此同时，A 酒店以 B 建筑工程公司为被告，E 设计院、地质队为第三人提起反诉，请求赔偿因一楼工程质量问题造成的损失 5355640 元及工期延误违约金等。事实与理由为：第一，B 建筑工程公司因不适当履行造成工程质量未达优良，因而违反了合同约定，应赔偿违约金；第二，其主张酒店主楼一楼墙体出现变形、开裂、地基下陷等严重质量问题完全是由 B 建筑工程公司在施工中造成的，对此质量问题造成的损失 B 建筑工程公司应承担责任；第三，B 建筑工程公司还有两项未完工程，发电机房隔音板未施工以及院内喷水池喷砂未做，应赔偿工期延误违约金。

E 设计院主张 A 酒店质量事故的真正原因是 B 建筑工程公司施工质量达不到设计要求，并使用了不合格产品造成的，与设计无关；A 酒店工程未经验收即投入使用，根据相关法律法规的规定，发现质量问题，责任应由 A 酒店自行承担。

二、争议焦点

1. 建设工程质量争议的举证责任分担问题。

2. 建设工程质量政府监管的相关问题。

三、学理分析与评析

（一）建设工程质量争议的举证责任分担问题

民事诉讼中的证明，是法院和当事人运用证据确定案件事实的活动，对于当事人来说，证明的目的是说服法官，使法官相信其关于案件事实的主张，从而作出有利于自己的裁判，对于法院来说，证明的目的是确定有争议的案件事实的真伪，获得裁判的事实根据。在案件审理的过程中，案件事实真伪不明是常态，囿于待证事实缺乏有力证据加以证明与司法最终解决原则的逻辑矛盾，特在法律中事先规定当事人的证明责任，防止法院出现拒绝裁判的情形。所谓证明责任就是引起法律关系发生、变更或者消灭的构成要件事实处于真伪不明状态时，法律上规定由谁承担由此带来的不利后果。根据《中华人民共和国民事诉讼法》第六十四条“当事人对自己提出的主张，有责任提供证据”的规定，当事人对自己提出的诉讼请求所依据的事实或者反驳对方诉讼请求所依据的事实，应当提供证据加以证明，但法律另有规定的除外。即主张法律关系存在的当事人，应当对产生该法律关系的基本事实承担举证证明责任；主张法律关系变更、消灭或者权利受到妨害的当事人，应当对该法律关系变更、消灭或者权利受到妨害的基本事实承担举证证明责任。当事人对自己提出的主张有责任提供证据，原告起诉或者被告反诉都应当对自己主张的事实提供证据加以证明，并且达到高度盖然性的证明标准。

就建设工程领域而言，建筑工程质量是指国家现行的有关法律、法规、技术标准、设计文件和合同中，对工程的安全、适用、经济、环保、美观等特性的综合要求。一般说来，如果建设工程施工项目出现质量问题，就需要承担相应的责任（如工程返修、赔偿工期延误损失、违约赔偿责任等）。根据民事诉讼法证明责任的一般分配原则“谁主张，谁举证”

以及建筑事故的一般过错归责原则，如发包人主张工程质量不合格，拒绝支付工程款的，发包人应该就施工方存在过错导致工程质量不合格承担证明责任。同时，出现以下三种情况可以免除这一责任：第一，建设项目竣工后尚未投入使用；第二，建筑物使用中没有明显缺陷，未造成安全事故；第三，建筑工程质量问题是由不可抗力或人为破坏造成的。同样，根据《最高人民法院关于审理建设工程施工合同纠纷案件适用法律问题的解释（一）》（此为2004年版，现已废止）第十二条的规定即“发包人具有下列情形之一，造成建设工程质量缺陷，应当承担过错责任：（一）提供的设计有缺陷；（二）提供或者指定购买的建筑材料、建筑构配件、设备不符合强制性标准；（三）直接指定分包人分包专业工程”，建设方应对其提供给施工方的施工图纸承担责任，工程施工方应当就其已按建设方提交的经依法审查通过的施工图纸进行工程施工承担举证责任，并对发包方存在的以上的过错情形承担证明责任。

结合本案来看，B建筑工程公司诉称A酒店尚未完全履行其支付工程款的义务，应就其主张的工程价款支付情况提供证据予以证明。A酒店在反诉中提出B建筑工程公司、E设计院、地质队基于违反合同约定，不适当履行施工义务而造成的质量损害问题承担责任，应当对其所主张的事实承担证明责任。本案系争工程由B建筑工程公司交付A酒店后，B建筑工程公司已经全部履行其义务，由于A酒店怠于履行其相关义务，造成工程未经有关部门竣工验收提前使用，《建筑法》第六十一条第二款规定：“建筑工程竣工经验收后，方可使用；未经验收或者验收不合格的，不得交付使用。”再根据《最高人民法院关于审理建设工程施工合同纠纷案件适用法律问题的解释（一）》第十四条规定：“建设工程未经竣工验收，发包人擅自使用后，又以使用部分质量不符合约定为由主张权利的，人民法院不予支持；但是承包人应当在建设工程的合理使用寿命内对地基基础工程和主体结构质量承担民事责任”，A酒店对其使用部分出现的质量问题，应自行承担责任。由于本案系工程质量问题，并非地基基础工程和主体结构质量问题，此时不存在举证责任分配问题，即无论是哪一方原因所导致均由建设方承担质量责任，即便产生质量问题，施工方也不承担责任，只是对于基础工程和主体结构工程质量责任仍由施工方承担。但鉴于B建筑工程公司对于C省工程质量监督总站鉴定结论中属于自己的部分责任予以认可，且对于一审判决其承担A酒店工程一楼非承重墙体裂缝加固费用的30%未予上诉，根据《最高人民法院关于民事诉讼证据的若干规定》第10条第1款免证事实的相关规定，B建筑工程公司的行为属第6款“已为人民法院发生法律效力的裁判所确认的事实”，故此可准予B建筑工程公司对于A酒店一楼的整改工作承担相应的费用。

综上所述，在建设工程质量纠纷案件中，仍然要遵循民事诉讼证明责任的一般分配原则和证明标准。除法律另有规定以外，当事人应当就自己主张的事实提供证据予以证明，对于对方的过错承担证明责任，同时还可以从己方在工程建设中的义务和责任出发，从工程设计图等材料的具体要求出发，积极提供证据证明己方已完全履行义务，避免己方承担不利的法律后果。

（二）建设工程质量政府监管的相关问题

1. 建设工程质量政府监管的主要内容

（1）工程监督检查

《建设工程质量管理条例》第四十四条、第四十五条和第四十七条等以列举式规定清晰勾勒出我国建设工程政府监督检查制度的轮廓，主要内容有：其一，关于建设工程质量的法律、法规、强制性标准等执行情况监督检查的由国务院建设行政、铁路、水利、交通等部门和县级以上地方人民政府建设行政主管部门及其他有关部门负责；其二，国家发改委承担对国家出资的重大建设项目的监督检查工作；其三，国家经济贸易主管部门承担对国家重大技术改造项目的监督检查工作。

（2）工程竣工验收

建设工程项目验收主要包括综合验收和竣工验收，其中竣工验收是指在项目完工之后，面向所有的工程项目所进行的一次全面的验收。一个工程项目完成之后要经过很多单位参与的验收工作，各项验收完成后再由政府各个相关单位作出评价意见并签字后向政府主管部门提交项目的竣工综合验收报告，审核合格之后方可投入使用。《建筑法》《建设工程质量管理条例》《房屋建筑和市政基础设施工程竣工验收规定》和《建筑工程质量验收统一标准》等规范性文件系统规定了建设工程竣工验收的具体条件、标准和验收程序等方面内容[①]，确保了工程竣工验收的标准化和规范化。

2. 建设工程质量政府监管的主要不足

（1）监管部门多元

《建设工程质量管理条例》第四十三条规定我国实行建设工程质量监督管理制度，其中，全国建设工程质量的监督管理由国务院建设行政主管部门统一实施，国务院水利、交通和铁路等部门就各自专业建设工程质量予以协助；地方建设工程质量的监督管理由县级以上人民政府建设行政主管部门统一实施，县级以上地方人民政府水利、交通等有关部门在各自职责范围内予以协助。由此可以看出，建设工程质量监管部门呈现出相当程度的多元化、分散化趋势，考虑到建设行政主管部门与其他部门间地位平等的政治现实，实践中建设行政主管部门恐难以集中力量、调度各方以收统一实施工程质量监管之效。工程质量监管权力的多元化行使，容易出现“九龙治水”的局面，严重妨害了政府工程质量监管能力的有效提升。

（2）监管事项不清

《建设工程质量管理条例》仅原则性地规定了建设工程质量的相关监管机关，至于对具体的监管职责、事项、程序、手段和监管人员等方面的规定则较为模糊，从而可能引发实践中建设工程质量监管缺位、监督行政依据不完善、执法程序不规范、执法力量薄弱、监管措施手段落后等问题[②]，继而导致工程监管未能全面落实的不利后果。在本案中，A 酒店在未经地方工程质量监督部门验收的前提下即投入运营使用，案中并未表明相关政府部门曾就此展开监督检查，亦未见针对此事作出后续的处理决定，可见实践中建设工程监督检查制度运行相当不尽如人意。

（3）监管责任不明

监管责任的设置，在一定程度上能够起到督促监管机关及其工作人员

---

① 于荣森，黄亮．建筑工程竣工验收常见问题的治理［J］．工程质量，2017（10）：89－91.

② 贾春芳．建设工程质量政府监督管理研究［D］．长安大学，2019.

积极主动、合法合理行使监管职责的效果。《建设工程质量管理条例》第七十六条规定："国家机关工作人员在建设工程质量监督管理工作中玩忽职守、滥用职权、徇私舞弊，构成犯罪的，依法追究刑事责任；尚不构成犯罪的，依法给予行政处分。"这一规定表明，"玩忽职守""滥用职权"和"徇私舞弊"是追究国家机关工作人员工程质量监管责任的主要依据。但是由于法律中对监管责任的内涵和外延并未给出进一步的说明，限制了其对现实的指导价值；对于行政处分和刑事责任的宣示性规定，使得其震慑效果大打折扣，限制了规范本身的约束力。

3. 建设工程质量政府监管的完善路径

（1）完善工程质量监管法治体系建设。通过对《建设工程质量管理条例》的修订和制定部门规章或地方性法规等形式，详细规定建设工程质量政府监管的主体、对象、事项、职责、程序、责任和救济等方面的内容，逐步形成较为成熟完善的建设工程质量监管法治体系。

（2）明确工程质量政府监管的全权机构。实践充分证明，只有整合的监管力量才能成就高效的监督效能，监察委员会的成立和运作便是一个成功例证。为此，可以由建设行政主管部门整合现有其他部门工程质量监管权力，或者在现有政府部门之外另行成立一个新部门专门行使建设工程质量监管权力，通过明确工程质量政府监管的全权机构，有效行使政府的监管职责，进而释放出强大的政府监管效能，形成建设工程保质保量的坚实外部执法保障。

（3）吸纳公民对监督者进行监督。"谁来监督监督者"是完善工程质量监管法治体系必须予以回应的制度难题。对此，除了增强体制内的各级人民代表大会和监察委员会的监督力量之外，在国家治理体系和治理能力现代化背景下，吸纳公众参与、强化体制外监督力量对于推进政府监管工程质量具有特别重要的意义。应从法理层面认识到公民参与是公民的一项权利而非政策恩惠，在制度层面具体化公民参与的路径和保障措施，在观念层面努力提升我国公民的现代法治意识和法治素养。

四、本案裁判结果

依据《合同法》（现已失效）第二百七十九条、《建筑法》第六十一条、《最高人民法院关于审理建设工程施工合同纠纷案件适用法律问题的解释》（现已失效）第十二条、《中华人民共和国民事诉讼法》第一百二十六条、第一百五十三条第一款第（二）项之规定，2020 年 11 月 28 日法院判决如下：

（一）B 建筑工程公司与 A 酒店所签订的《建设工程施工合同协议条款》《装修工程施工合同》《建设工程施工合同》及《协议书》均为有效。

（二）A 酒店在给付 B 建筑工程公司工程款 5776479. 60 元及利息（按银行同期同类贷款利率计算至付清之日止），于判决生效十日内付清。

（三）B 建筑工程公司的其他诉讼请求予以驳回。

（四）A 酒店自行承担一楼非承重墙体裂缝的整改加固，B 建筑工程公司承担其费用的 30%。

（五）A 酒店其他反诉请求予以驳回。案件受理费 69835 元由 B 建筑工程公司负担 13967 元，A 酒店负担 55868 元；反诉费 97000 元，由 B 建筑工程公司负担 19400 元，A 酒店负担 77600 元；鉴定费 85748. 94 元，由 E 设计院负担 34299. 58 元，B 建筑工程公司负担 25724. 68 元，A 酒店负担 25724. 68 元。

第四部分　建设工程刑法案例

案例一　建设工程串通投标案

钟雄辉　刘　帅

一、基本案情

2014 年 8 月，××市 YY 镇拟建“××小区××路及配套雨水、污水管网建设工程（以下简称‘路网工程’）”，工程总造价约 5 千万元，并委托湖南某工程项目管理有限公司代理该工程的招投标，被告人易某某为该公司的负责人。被告人宋某某想承接该路网工程，经多次找谢某某（YY 镇党委书记，另案处理）并送给谢某某 10 万元人民币后，谢某某遂同意将该工程交给宋某某做。谢某某通过他人向易某某转达了将工程交给宋某某做的意思。经宋某某与易某某商定，由易某某操作将该工程交由宋某某施工，宋某某支付 80 万元人民币给易某某作费用，并预付了 30 万元。在此期间，被告人刘某某、廖某甲及廖某乙、沈某某（另案处理）等人也想承接该工程。此时，YY 镇决定将该工程分成三个标段，经宋某某、刘某某商量后，决定二人共同承接该工程，后因故又邀请廖某甲、廖某乙、沈某某参与，廖某甲等三人同意，最后商定由宋某某、刘某某二人各得一个标段，廖某甲等三人作为一方得一个标段，费用由三方平摊。

其间，易某某要其公司员工李某某借建筑公司资质，被告人李某某便打电话给湖南 A 建筑有限公司的被告人黄某某，要其出面操作，黄某某同意后，易某某付了10万元给黄某某作为借资质的费用。随后，黄某某联系到湖南B建筑有限公司、湖南C建设有限公司、长沙市D有限公司、湖南E建设集团有限公司、湖南F建设工程有限公司、湖南G建设工程有限公司、湖南H建设有限公司、I集团有限公司、湖南J建筑工程有限公司等十余家建筑公司参与投标，并确定由湖南B建筑有限公司中第二标，湖南A建筑有限公司中第一标和第三标，其他公司陪标。刘某某与黄某某商定中标价格后，黄某某便告知其他各陪标公司，让陪标公司在制作标书时报价高于中标价格。易某某为了让黄某某邀请来的公司顺利中标，安排李某某在投标报名上设置门槛，如投标公司报名时需“五大员（法定代表人、项目经理等）”到场、需缴纳了前12个月的社保等，使其他公司不能顺利报名。2015年1月28日，该工程采取“综合评标法Ⅰ”方式开标，湖南A建筑有限公司以13623867元和15311360元中得第一标和第三标，湖南B建筑有限公司以15397810元中得第二标。按之前的约定，两家公司将三个标段的工程分别委托给宋某某、刘某某、廖某甲施工，公司收取工程款1.5%的管理费。

在该工程招投标过程中，被告人张某某及安某某、王某某（另案处理）也邀请了湖南K建设工程有限公司、湖南L建设工程有限公司两家公司参与投标，并报了名，宋某某、刘某某得知该情况后，便找到安某某劝其退出，经协商后，张某某、安某某、王某某同意退出，但需在宋某某的第一标中让出部分工程交给张某某等人施工。后因上述两家公司认为报名后退出影响公司声誉，不同意退出，安某某便要两家公司在制作标书时提高报价，故意不中标。后宋某某将其所中的第一标中让出了部分工程给张某某等人施工，张某某等人又以52万元的价格将该部分工程转让给了宋某某。

证明上述事实的证据如下：

1. 到案情况、抓获经过、户籍资料、谢某某的身份材料、投资评审材料、相关银行账号流水明细、招投标相关文件及公司资质材料、××市YY镇第一期安置房建设工程招投标资料、××市YY镇××小区××路及配套雨水污水管网工程招投标资料、扣押决定书及扣押物品清单等书证；

2. 证人王某等人的证言；

3. 被告人宋某某、刘某某、易某某、黄某某、廖某甲、张某某、李某某的供述和辩解；

4. 辨认笔录。

二、争议焦点

1. 串通投标犯罪中存在行贿犯罪是否应当数罪并罚？

2. 招标代理机构工作人员能否成为串通投标罪主体？

3. 串通投标罪是否可以区分主从犯？

三、学理分析与评析

（一）串通投标犯罪中存在行贿犯罪是否应当数罪并罚

在串通投标犯罪中经常伴随着贿赂、侵犯商业秘密等其他犯罪，尤其是行贿犯罪较为高发。但对串通投标与行贿犯罪相结合的犯罪处理上，在司法实践中尚有一定争议。

有观点认为，在串通投标犯罪当中，投标人通过行贿来串通投标，同时触犯了行贿罪和串通投标罪，行贿与串通投标之间属于手段和目的的关系，为牵连犯，应当从一重罪处罚。

还有观点认为，串通投标罪与行贿罪不属于手段和目的的关系，而是同为手段，目的是中标，因此不是牵连犯，应当数罪并罚。

笔者认为，串通投标罪和行贿罪是数罪并罚还是从一重罪处罚应当区分情况而定。比如在投标人以向招标人行贿的方式，谋取了招标人与之串通投标，最终中标的案件中，投标人的行为属于行贿罪和串通投标罪的想象竞合。一方面，投标人向招标人行贿，从而谋取了招标人与之串通投标，其行为构成行贿罪，招标人与投标人串标属于行贿罪中的谋取不正当利益，行为人只实施了一个犯罪行为。另一方面，招标人与投标人的串通投标又构成了串通投标罪，因此属于想象竞合，从一重罪处罚。具体到本案中，被告人宋某某为承接工程，向镇书记谢某某行贿 10 万元人民币，谢某某同意将该工程交给宋某某做，被告人宋某某的行为构成行贿罪。同时被告人宋某某为中标，与刘某某、易某某、黄某某等人实施了串通投标行为，构成串通投标罪。本案当中，宋某某出于承接工程的目的，一方面对国家工作人员行贿，另一方面与招投标代理公司工作人员和其他投标人进行串通投标，其实施了两个犯罪行为，且行贿行为与串通投标行为同为手段行为，不成立牵连关系，因此，应当以行贿罪和串通投标罪数罪并罚。

（二）招标代理机构工作人员能否成为串通投标罪的主体

招标代理机构工作人员能否成为串通投标罪的主体问题，在法学理论和司法实践中一直存在争议。近年来，随着经济社会的快速发展，招投标市场繁荣兴盛，参与招投标的主体逐渐多元化，而我国现行招投标法与刑法规定主体并不完全一致。

有观点认为，招标代理机构工作人员是串通投标罪的主体，串通投标罪的主体的认定应当以“串通投标行为”作为最核心的要素，以“参与”投标程序为最基本表现形式，以行为实质解释方法将其理解为：参与招投标程序，并实施串通投标的行为人。因此，应当从刑法的原则和目的出发，认定招标代理机构工作人员是具体组织实施招投标活动，实质参与招投标行为的招投标人，当属刑法意义上的招标人范畴。

还有观点认为，依照《招标投标法》（此为1999年版，已于2017年修正）第13条的规定，招标代理机构是依法设立、从事招投标代理业务并提供相关服务的社会中介组织。其性质当属于独立于政府和市场主体之外的专业性中介机构，具有独立性。因此不属于刑法规定的招标人的范畴。

笔者赞同前一种观点，串通投标罪的主体应当不仅限于字面狭义规定，而应从经济社会发展和刑法立法的原则和目的出发，将参与招投标程序的所有主体都纳入其中，这不仅符合刑事立法目的和基本法律价值，而且有利于发挥法律维护市场、保护合法利益的基本作用。

（三）串通投标罪是否可以区分主从犯

司法实践中，本罪是否适用刑法总则共同犯罪的相关规定，是否区分主从犯存在一定分歧。

有观点认为，串通投标罪是必然共同犯罪，即只有两个以上的主体实施串通投标行为才能完成。因此串通投标罪只需要按照刑法分则规定的法定量刑幅度和量刑情节判处，不适用刑法总则关于共同犯罪认定主从犯的规定。

有观点认为，串通投标罪属于共同犯罪，可以适用刑法总则关于共同犯罪的规定区分主从犯，这样可以更好地反映犯罪主体在共同犯罪中的地位和作用，体现刑法的目的和原则。

笔者认为，串通投标罪可以区分主从犯。必要共同犯罪理论主要解决的是构罪问题，而区分主从犯解决的是量刑问题，两者并不冲突。刑法中共同犯罪主体主从犯的区分依据是犯罪主体在犯罪中的地位、作用，换而言之是犯罪主体对犯罪行为和犯罪结果的主观恶意和原因。在串通投标行为中，投标人之间、投标人与招标人之间，对犯罪结果的追求和原因力是有区别的，不能简单地认定属于必然共同犯罪而忽略了对主体行为量刑的判断，这不仅不符合罪责刑相适应原则，也不符合基本的法律价值。

（四）本案的启示

招标、投标是一种竞争性很强的市场交易方式，其优越性在于优胜劣汰，使整个社会的人力、物力、财力资源得到更好的配置，其本身应当遵循公开、公平、公正和诚实信用的原则。倘若当事人通过串通投标的不正当手段排斥他人的正当竞争，就会使招投标活动丧失其原有功能，进而损害国家利益、社会公共利益或者其他招投标当事人的合法权益。同时，工程建设领域行贿受贿犯罪高发，是人民群众极为关注的经济领域，在政府转型的背景下很大程度上决定了政府的形象和公信力。

本案属于典型的串通招投标和行贿受贿混合案，最显著的特征是复杂客体，既侵害了正常的招标、投标市场秩序，又侵害了国家机关工作人员职务行为的廉洁性。本案当中涉案主体众多，有招标方的负责人、招标代理公司的工作人员、投标人借用资质参与投标的公司和其他投标人。基本涵盖了招投标当时大部分的参与者。本案的客观方面表现为多方联合串通招投标，犯罪行为复杂，牵涉广。一是投标人相互的串通投标。投标人相互串通投标主要有以下几种表现形式：（1）投标人之间相互约定，一致抬高投标报价；（2）投标人之间相互约定，一致压低投标报价；（3）投标人之间约定，帮助特定投标人中标。本案当中投标人一方面借用其他公司资质进行投标，同时找到多家公司共同参与投标并约定好报价，确保投标人要求的公司中标；另一方面投标人对其他投标人进行劝退，经协商，其他投标人故意提高报价不中标，帮助投标人中标。二是投标人与招标人串通投标。这是招标人与特定投标人在招标投标活动中，以不正当手段从事私下交易，使公开招标投标流于形式，共同损害国家、集体、公民（包括其他投标人）的利益的行为。主要表现为：（1）招标人故意泄露标底，即招标人有意向某一特定投标人透露其标底的行为。（2）招标实行差别对待，即招标在审查、评选标书时，对同样的标书实行差别对待，或者对不同的投标人实施差别对待。（3）招标人故意泄密，即投标人通过不正当手段，在公开开标之前，从招标人处获取投标人报价或其他投标条件的行为。（4）投标人给招标人标外补偿，即投标人有意与招标人商定，在公开投标时压低标价，中标后再给投标人以额外补偿。本案中，投标人一方面对招标方的国家工作人员行贿，获得国家工作人员的支持；另一方面又与招标方委托的招标代理公司工作人员勾结，通过代理公司暗箱操作在招投标报名上设置门槛，阻拦其他投标人，并通过代理公司工作人员帮助投标人找到其他公司帮助“陪标”。

本案属于工程建设领域较为典型的犯罪案件，如何有效破解工程建设领域的腐败，保障基层民生工程建设的安全，维护市场主体的合法权益，打造优良的营商环境，一直是政府工作的难点和重点。通过分析案件本身的争议焦点及特点，确保准确打击犯罪，维护市场公平公正，为各项民生工程提供有效法律保障。

四、本案裁判结果

在串通投标的共同犯罪中，被告人宋某某、刘某某、易某某起了主要作用，是主犯，被告人廖某甲、张某某、黄某某、李某某起了次要作用，是从犯；对于主犯，应当按照其所参与的全部犯罪进行处罚，对于从犯，依法应当从轻、减轻处罚或者免除处罚。按照《中华人民共和国刑法》

[此为刑法修正案（十），已于2020年出台刑法修正案（十一）]《最高人民法院、最高人民检察院关于办理贪污贿赂刑事案件适用法律若干问题的解释》《最高人民法院关于处理自首和立功具体应用法律若干问题的解释》的相关规定；判决如下：

（一）被告人宋某某犯串通投标罪，判处有期徒刑一年二个月，并处罚金人民币四十万元；犯行贿罪，判处有期徒刑一年，并处罚金人民币二十万元；数罪并罚，决定执行有期徒刑二年，缓刑二年六个月，并处罚金人民币六十万元。

（二）被告人刘某某犯串通投标罪，判处有期徒刑一年二个月，缓刑一年六个月，并处罚金人民币四十万元。

（三）被告人易某某犯串通投标罪，判处有期徒刑一年二个月，缓刑一年六个月，并处罚金人民币四十万元。

（四）被告人廖某甲犯串通投标罪，判处有期徒刑九个月，缓刑一年，并处罚金人民币二十万元。

（五）被告人张某某犯串通投标罪，判处有期徒刑八个月，缓刑一年，并处罚金人民币二十万元。

（六）被告人黄某某犯串通投标罪，判处罚金人民币二十万元。

（七）被告人李某某犯串通投标罪，判处罚金人民币十万元。

（缓刑考验期限，从判决确定之日起计算。罚金限在本判决发生法律效力后十日内缴纳）

（八）对××县公安局扣押在案的被告人宋某某的非法所得人民币一百三十六万元、被告人刘某某的非法所得人民币五十万元、被告人易某某的非法所得人民币六十五万元、被告人廖某甲的非法所得人民币二十万元、被告人张某某的非法所得人民币二十一万元、被告人黄某某的非法所得人民币二十万元、湖南A建筑有限公司（集团）违法所得人民币六十万元、湖南B建筑有限公司违法所得人民币三十万元共计四百零六万元均予以没收，由办案单位依法上缴国库。

案例二　建设工程合同诈骗案

尹晓闻

一、基本案情

被告人杨某某，男，1980 年 11 月 3 日出生于江苏省××市，汉族，高中文化，原××市××置业有限公司法定代表人，户籍所在地江苏省××市。因涉嫌犯合同诈骗罪，于 2016 年 5 月 27 日被××市公安局 YY 分局刑事拘留，经××市 YY 区人民检察院批准，于 2016 年 7 月 1 日被××市公安局 YY 分局执行逮捕。本案由××市 YY 区人民法院进行审理，××律师事务所律师柳某某担任被告人杨某某的辩护人。

被告人杨某某于 2014 年 3 月 11 日设立自然人独资公司，名称为××市××置业有限公司（以下简称××公司）。2014 年 8 月 25 日，杨某某通过竞拍岳君土网挂（2014）04 号，取得位于××市 YY 区××镇××村面积为 10673 ㎡的土地使用权，准备用于湖岸××项目开发。2014 年 3 月至 2016 年 4 月期间，杨某某将湖岸××项目以及相邻的一块面积为 10760 ㎡的土地（未取得国有建设用地使用权证、规划许可证），通过重复发包、虚假发包的形式，与黄某某等 37 家承包商签订承包合同，共骗取工程保证金 1824 万元。上述款项中杨某某共退还保证金 339.9 万元，其余款项部分用于湖岸××项目开发和公司运转，部分被杨某某挥霍或偿还其个人债务。具体事实如下：

1. 2014 年 3 月 27 日，杨某某与黄某某签订工程施工合同，将湖岸××项目一期土建工程承包给黄某某，约定开工日期为 2014 年 7 月 8 日，骗取保证金 30 万元。后工程无法开工，杨某某陆续退还保证金约 20 万元。

2. 2014 年 6 月 23 日，杨某某与易某某签订工程施工合同，将湖岸××项目一期土建工程承包给易某某，约定开工日期为 2014 年 9 月 28 日，骗取保证金 20 万元。后工程无法开工，杨某某退还保证金 11.7 万元。

3. 2014 年 7 月 2 日，杨某某与王某某签订工程施工合同，将湖岸××项目一期土建工程承包给王某某，约定开工日期为 2014 年 9 月 28 日，骗取保证金 50 万元，后工程无法开工，杨某某退还保证金 10 万元。

4. 2014 年 8 月 13 日，杨某某与彭某某签订工程施工合同，将湖岸××项目一期土建工程承包给彭某某，骗取保证金 50 万元。后工程无法开工，杨某某退还保证金 16 万元。

5. 2014 年 8 月 26 日，杨某某与江某某签订工程施工合同，将湖岸××一期打桩工程承包给江某某，约定开工日期为 2014 年 10 月 10 日，骗取保证金 30 万元。后工程无法开工，杨某某退还保证金 10 万元。

6. 2014 年 9 月 25 日，杨某某与刘某某签订工程施工合同，将湖岸××项目一期土建工程承包给刘某某，约定开工日期为 2014 年 10 月 28 日，骗取保证金 40 万元。后工程无法开工，杨某某退还保证金 11 万元。

7. 2014 年 10 月份，杨某某与黎某某签订工程施工合同，将湖岸××项目一期土建工程承包给黎某某，骗取保证金 100 万元。后工程无法开工，杨某某退还保证金 45 万元。

8. 2014 年 8 月，杨某某与任某某签订工程施工合同，将湖岸××项目一期土建工程承包给任某某，骗取保证金 100 万元。后工程无法开工，杨某某退还保证金 62 万元。

9. 2014 年 11 月 7 日，杨某某与周某某签订工程施工合同，将湖岸××一期土建工程承包给周某某，约定开工日期为 2014 年 12 月 28 日，骗取保证金 50 万元。后工程无法开工，杨某某退还保证金 38 万元。

10. 2014 年 11 月 12 日，杨某某与陈某某签订工程施工合同，将湖岸××一期土建工程承包给陈某某，骗取保证金 30 万元。后工程无法开工，杨某某退还保证金 11 万元。

11. 2014 年 11 月 20 日，杨某某与李某某签订工程施工合同，将湖岸××一期土建工程承包给李某某，骗取保证金 50 万元。后工程无法开工，杨某某退还保证金 10 万元。

12. 2014 年 11 月 26 日，杨某某与雷某某签订工程施工合同，将湖岸××一期土建工程承包给雷某某，骗取保证金 50 万元。后工程无法开工，杨某某退还保证金 3 万元。

13. 2014 年 12 月 23 日，杨某某与吕某某签订工程施工合同，将湖岸××项目一期土建工程承包给吕某某，骗取保证金 100 万元，未予退还。

14. 2014 年下半年，杨某某与文某某签订工程施工合同，将湖岸××项目一期土建工程承包给文某某，骗取保证金 50 万元。后工程无法开工，杨某某退还保证金 3 万元。

15. 2015 年 1 月 5 日，杨某某与肖某某签订工程施工合同，将湖岸××项目一期土建工程承包给肖某某，骗取保证金 100 万元。后工程无法开工，杨某某退还保证金 20 万元。

16. 2015 年 1 月 15 日，杨某某与严某某签订工程施工合同，将××时代广场基础设施工程承包给严某某，骗取保证金 20 万元。后工程无法开工，杨某某退还保证金 11 万元。

17. 2015 年 2 月 3 日，杨某某与李某某签订工程施工合同，将××时代广场一期土建工程承包给李某某，骗取保证金 35 万元。后工程无法开工，杨某某退还保证金 5. 8 万元。

18. 2015 年 4 月 23 日，杨某某与刘某某签订工程施工合同，将湖岸××项目一期土建工程承包给刘某某，骗取保证金 80 万元，未予退还。

19. 2015 年 4 月，杨某某与周某某签订工程施工合同，将湖岸××项目一期土建工程承包给周某某，约定开工日期为 2015 年 4 月 2 日，骗取保证金 60 万元。后工程无法开工，杨某某退还保证金 23 万元。

20、2015 年 5 月 14 日，杨某某与谭某某签订工程施工合同，将湖岸××项目二期土建工程承包给谭某某，骗取保证金 80 万元，未予退还。

21. 2015 年 5 月 18 日，杨某某与熊某某签订工程施工合同，将湖岸××项目绿化工程承包给熊某某，骗取保证金 20 万元，未予退还。

22. 2015 年 5 月 26 日，杨某某与周某某签订工程施工合同，将湖岸××项目二期土建工程承包给周某某，骗取保证金 80 万元。后工程无法开工，杨某某退还保证金 1 万元。

23. 2015 年 6 月 16 日，杨某某与夏某某签订工程施工合同，将湖岸××项目二期土建工程承包给夏某某，骗取保证金 50 万元，未予退还。

24. 2015 年 7 月 19 日，杨某某与彭某某签订工程施工合同，将湖岸××项目二期土建工程承包给彭某某，骗取保证金 26 万元。后工程无法开工，杨某某退还保证金 2. 4 万元。

25. 2015 年 7 月 27 日，杨某某与邹某某签订工程施工合同，将湖岸××项目二期土建工程承包给邹某某，骗取保证金 35 万元。后工程无法开工，杨某某退还保证金 24 万元。

26. 2015 年 7 月 30 日，杨某某和邱某某签订工程施工合同，将湖岸××项目一期附属工程承包给邱某某，骗取保证金 10 万元。后工程无法开工，杨某某退还保证金 2 万元。

27. 2015 年 8 月 8 日，杨某某和张某某签订工程施工合同，将湖岸××项目二期土建工程承包给张某某，骗取保证金 80 万元，未予退还。

28. 2015 年 10 月 8 日，杨某某与丁某某签订工程施工合同，将湖岸××项目一期附属工程承包给丁某某，骗取保证金 15 万元，未予退还。

29. 2015 年 10 月 23 日，杨某某与李某某签订工程施工合同，将湖岸××项目一、二期绿化工程承包给李某某，骗取保证金 15 万元，未予退还。

30. 2015 年 11 月，杨某某与湛某某签订工程施工合同，将湖岸××项目下水道工程承包给湛某某，骗取保证金 20 万元，未予退还。

31. 2015 年 12 月 3 日，杨某某与柳某某签订工程施工合同，将湖岸××项目二期土建工程承包给柳某某，约定开工日期为 2016 年 2 月 25 日，骗取保证金 60 万元，未予退还。

32. 2016 年 1 月 11 日，杨某某与赵某某签订工程施工合同，将湖岸××项目一期附属工程承包给赵某某，约定开工日期为 2016 年 3 月 18 日，骗取保证金 13 万元，未予退还。

33. 2016 年 2 月 25 日，杨某某与杨某某签订工程施工合同，将湖岸××项目二期土建项目工程承包给杨某某，骗取保证金 15 万元，未予退还。

34. 2016 年 2 月，杨某某与钟某某签订工程施工合同，将湖岸××项目二期土建项目工程承包给钟某某，骗取保证金 40 万元，未予退还。

35. 2016 年 3 月 17 日，杨某某与王某某签订工程施工合同，将湖岸×

××项目二期工程承包给王某某，骗取保证金60万元，未予退还。

36. 2016年4月8日，杨某某与李某某签订工程施工合同，将湖岸××项目二期土建工程承包给李某某，骗取保证金60万元，未予退还。

37. 2016年4月14日，杨某某与王某某签订工程施工合同，将湖岸××项目二期土建工程承包给王某某，骗取保证金100万元，未予退还。

2016年4月底开始，杨某某拒绝与被害人见面，也不接听电话。2016年5月23日，被告人杨某某在××市被公安民警抓获归案。

二、争议焦点

（一）确定本案杨某某行为的性质

1. 本案中杨某某与承包方签订保证金合同是否以非法占有为目的？

2. 本案中杨某某的行为是否属于一般合同欺诈？

3. 本案中杨某某在公安机关抓获前陆续退还一部分保证金，其行为是否属于债务履行？

4. 本案中为何是合同诈骗罪而非诈骗罪？

（二）履约保证金的认定

履约保证金的性质；履约保证金与定金、预付款、保证的区别。

三、学理分析与评析

（一）罪与非罪的认定

根据我国相关法律法规的规定，对于合同欺诈和合同诈骗罪有明显的界限区分。合同欺诈是指在签订合同时，一方当事人为了获取高于合同本身价值的利益，采用夸大、虚构等手段骗取当事人的信任，诱使对方作出错误的意思表示。合同诈骗罪是指以非法占有为目的，在签订、履行合同过程中，采取虚构事实或者隐瞒真相等欺骗手段，骗取对方当事人的财物、数额较大的行为。

一般合同欺诈与合同诈骗犯罪的区别主要体现在以下几个方面：一是主观目的不同。一般合同欺诈是有一定的履行能力但是采用欺诈、隐瞒等手段夸大履行能力，骗取当事人的信任，保证顺利签订合同或在合同中做手脚以达到获取一定利益的目的，合同欺诈的当事人主观上不是故意想要非法占有他人财物，而是为了获取利益或达到某种目的，从而作出一定程度的隐瞒。合同诈骗罪的当事人是完全不具备履行能力，且并无履行意图，其目的是通过非法手段将公私财物收入囊中。二是客观行为方式不同，即欺诈的方式不同。一般合同欺诈是签订民事合同的一方通过对等的交换（如商品买卖、交换）、提供劳务获得报酬等耍花招，旨在获取超额的经济利益，换言之，付出与收获不对等。实施合同诈骗罪的行为人则是虚构事实、隐瞒真相或根本无履行能力而故意骗取对方当事人签订合同获取数额较大的金钱。合同欺诈一般围绕合同条款设陷阱或夸大资质，本身并不需要假冒身份，如夸大标的物的质量与价值、夸大公司资质等。合同诈骗罪的行为人一般采用虚构标的、提供虚假信息、虚构履约能力等方式进行诈骗。三是侵害对象不同。一般合同欺诈因一方当事人无法完全履行合同约定义务，从而损害了对方当事人的合同权利，所以其侵犯的对象就是双方合同中约定的权利、义务。而合同诈骗罪是欺诈人试图通过非法手段来获取他人财物，显而易见其欺诈所侵害的对象是公私财物的所有权。四是法律后果不同。若签订合同后，受欺诈人有明显证据表明签订合同时被欺诈，则签订的合同一般是无效的，但受欺诈人在明确知晓欺诈行为后仍认可合同则合同生效。若受欺诈人知晓合同中的欺诈行为后提起诉讼要求合同无效并赔偿损失时，欺诈人既要退还不当得利返还财产还要对受欺诈方的损失进行赔偿。当有证据显示欺诈事实确实存在，则欺诈人不仅要承担合同无效的法律后果，还要向被欺诈人赔偿一定损失，但要承担的仅仅是民事责任，并且是否追究欺诈人的法律责任由受欺诈人决定。但合同诈骗罪的欺诈方不仅要承担民事责任更要受刑罚处罚，受骗人无权放弃追究欺诈人的刑事责任。可见合同诈骗罪是刑法和民法共同调整的行为，对合同诈骗罪的处罚严苛性远超于合同欺诈。五是适用法律不同。合同欺诈侵犯的是平等主体签订合同中约定的权利义务关系，该欺诈行为属于民事范畴，由民法调整；合同诈骗罪则由刑法调整。

认定合同诈骗罪最主要就是确定当事人主观上是否存在故意，是否想要通过非法手段从他人手中获取不当利益。非法占有的目的既可以产生于合同签订前，也可以产生于合同履行过程中。由于本案中杨某某从一开始就具有诈骗的主观意图，想要非法占有他人财产，因此，杨某某的行为应当认定为合同诈骗罪。

（二）合同诈骗罪与诈骗罪的认定

司法实践中，区分合同诈骗罪与诈骗罪存在着一定的困难。主要有两方面的原因：一是合同诈骗罪的立案追诉标准比普通诈骗罪高。构成合同诈骗罪的行为也成立普通诈骗罪；二是目前尚无司法解释对合同诈骗罪的加重法定刑明确适用标准，各地司法机关往往采取保守态度，将数额巨大，甚至数额特别巨大情形仍然按照数额较大情形处理，造成重罪轻判的现象比较普遍。

合同诈骗罪与诈骗罪的区分：一是在客体上，合同诈骗罪作为破坏市场经济秩序罪的罪名，尽管犯罪客体包括市场经济秩序和公民的财产权利，但罪责评价更侧重于对市场经济秩序的破坏。因此不仅要侵犯他人的财产权还要侵犯社会主义市场经济秩序，因此合同诈骗罪中的“合同”必须与市场秩序有关，与市场无关的合同，如不具有交易性质的赠与合同、劳动合同等，一般不属于合同诈骗罪中的“合同”。而诈骗罪的客体仅是公民的财产权利，罪责评价紧紧围绕行为对公民财产权利侵害的主客观程度。既然合同诈骗罪的客体是扰乱市场经济秩序，就必然要求行为人实施了扰乱市场经济秩序的活动。二是在客观方面上，合同诈骗罪中的“合同”在诈骗中起关键作用，如果合同仅仅是一个幌子，则应认定为诈骗罪。就本案来看，杨某某是通过合同途径实施的诈骗，并且在他实施的多起诈骗行为中，已经严重扰乱社会主义市场经济秩序。三是“合同”在导致被害人陷入认识错误方面的作用不同。合同诈骗罪要求行为人与被害人之间订有合同，且行为人也实施了与合同内容相关的经济活动，合同本身是导致被害人陷入认识错误且作出自愿给付财产处理的主要原因。如果被害人陷入认识错误而作出财产处理与行为人和被害人订立的合同无关，则不构成合同诈骗罪。因此，杨某某的行为构成合同诈骗罪而非一般的诈骗罪。

（三）退还保证金行为是否属于债务履行

杨某某退还部分保证金的行为不属于债务履行。债的履行是指债务人按照合同约定全面履行规定的义务。本案中杨某某与承包方签订合同收取保证金之后陆续退还一些保证金，这一行为无法认定为债务履行。首先本案中双方当事人是以建设工程的承包建设为合同要件，双方当事人一方交纳保证金确保可以签订施工主合同，这是建设工程施工合同关系而非债权债务关系，杨某某无法保证合同的正常履行，然后继续和多家承包商签订合同，这本质上就属于诈骗行为。在杨某某的询问笔录中主动交代，其陆续退还过一些保证金但都是出于承包方的催促而非主动而为，退还的保证金数额远远少于其收取的数额，因而无法认定杨某某的退还行为属于债务履行。

本案中杨某某既无发包的能力，又没有进行工程建设的资金，同时还缺乏合法的手续，但杨某某隐瞒事实真相，采用重复发包、虚假发包的形式与37个承包商签订工程施工合同收取保证金，收取的1800余万元并没有用于工程的开发而是用于偿还个人债务、挥霍，其主观上应认定为以非法占有为目的，符合合同诈骗罪的主观要件。杨某某骗取的保证金数额巨大，一般的合同欺诈是围绕合同条款做手脚，合同的本身约定是真实的，只有合同部分条款存在一定的陷阱，其目的是使自己更有利。但是杨某某是以建设工程合同承包为噱头，本身并不具备发包人的资质，合同完全无法履行，其行为不属于一般的合同欺诈，而是有预谋的诈骗。

在建筑工程发包人确定承包人后，一般会要求承包人交纳一定数额的保证金作为承包人履行合同的担保，确保承包人按照合同履行义务，建筑工程保证金的收取在建筑工程行业越来越普遍化。保证金收取的数额一般是工程承包价款的5%～10%，作为签订正式工程施工合同的保障。本案中杨某某与承包商签订的建设施工合同本属于普通的民事合同。但杨某某明知自己并无资金完成湖岸××项目的开发且其中一块土地并未取得规划许可证，却仍与多承包商签订发包合同，通过多次发包和虚假发包等形式收取保证金总计1824万元。主观上为故意，虚构项目事实、开工日期以未取得国土证、开发许可证的地块等进行虚假发包，隐瞒无能力开发项目的事实，以非法占有为目的骗取37个承包商保证金数额特别巨大，情节恶劣，其行为符合合同诈骗罪的要件，构成合同诈骗罪。

（四）多份合同中约定的履约保证金性质

履约保证金是指在工程合同正式签订前由发包人要求承包人支付占总工程资金一定比例的保证金，是完全独立于工程造价之外的，其目的是减少承包人违约给发包人带来的经济损失。履约保证金的特点：第一，履约保证金具有规定性。在建设工程中承包人是否需要交纳保证金由发包人决定，双方自行决定是否交纳、交纳的金额及交纳方式，但必须在合同中明确规定，口头承诺不生效，若合同中无该项条款则在合同签订后发包人不得追加。第二，履约保证金具有实践性。实践性体现为若承包人违约，则保证金是作为发包人经济损失赔偿的一部分，其功能在承包人不履行合同义务时发生。因此，建设工程保证金合同必须以实际交付保证金为生效要件，若双方当事人只有口头约定或签订合同但承包人未支付保证金则不发生法律效力。保证金与定金的性质不同，若承包人完全按照合同履行义务将承包的工程按时保质完成后发包人必须将保证金全额退还给承包人。第三，履约保证金具有相对性。履约保证金是为了在风险发生时减少发包人的损失、保障发包人的利益，因此履约保证金的支付方式和支付人必须经过发包人的同意。当履约保证金由第三方支付时，承包方与第三方承担连带责任，第三方支付可以较好地保障发包人的利益。当然，因建设施工中涉及的标的额大、工期较长等因素，履行合同时不确定因素较多，在保障发包人利益的同时也要考虑承包商的利益。因此，《工程建设项目施工招标投标办法》第六十二条明确规定，在招标人要求中标人提交履约保证金或其他形式履约担保的，招标人应当同时向中标人提供工程款支付担保。第四，履约保证金具有独立性。也就是其支付必须独立于本身的工程造价之外，属于主合同的从合同，是当承包方违约时对发包方的经济补偿，招标人在招标时必须有充足的资金保障工程的顺利完成，同时必须是具备招标能力的法人，发包人不可将承包人交纳的履约保证金作为工程款使用。

履约保证金与定金、预付款、保证是有区别的。首先，保证金不同于定金。履约保证金是发包人为防止承包人毁约或不按约定履行合同义务给自己造成损失，提前作出的风险预防。履约保证金是一种合同履行的保障条款，承包人交付保证金后，若按照合同约定履行了自己的义务，发包人必须将保证金全额退还给承包人，不可以折抵工程款或在工程估价当中作折抵。签订建设工程保证金合同后，如果发包人没有履行合同约定，承包人是否可以要求双倍返还保证金，法律没有明确规定，但承包人毁约时，保证金肯定无法返还。而定金则有所不同。根据我国《合同法》（现已失效）第一百一十五条的规定，给付定金的一方不履行约定的债务的，无权要求返还定金；收受定金的一方不履行约定的债务的，应当双倍返还定金。其次，严格意义上来讲，履约保证金与预付款也有很大区别。预付款是在双方当事人正式签订合同前一方当事人支付给另一方当事人一定数额的款项，预付款必须由双方当事人在合同中作出详细规定。预付款属于合同履行的一部分，是履行主债的行为。预付款在合同正常履行的情况下，成为价款的一部分，在合同没有得到履行的情况下，不管是给付一方当事人违约，还是接受方违约，预付款都要原数返回。若由于交付预付款的一方当事人违约给对方当事人造成损失，受损害方可要求赔偿损失。而履约保证金则有所不同。当交付履约保证金的一方违约时，对方当事人有权不退还保证金，用以弥补违约方给其造成的损失。最后，履约保证金也不同于保证。保证是第三人与债权人约定，当债务人不履行债务时由第三人履行债务的担保方式，属于人的担保。可见履约保证金是建筑行业特殊存在的履约保证。

而本案中的合同从一开始就不具有实现的可能，因此在合同中约定的履约保证金自然也不是出于真实意思表示签订的，并不具有可实践性。本案中的多份合同中所约定的履约保证金并不是真正意义上的履约保证金，只是本案中杨某某用来实施诈骗的一种手段。

（五）签订建设工程履约保证金合同的风险及其防范

在签订合同时，发包方与承包方信息往往存在很大程度上的不对称，承包方不知发包方有足够的资金支持保证工程的建设，不了解发包方内部是否有复杂的关系，不确定发包方是否可以及时支付工程款，不明确发包方是否有合法的审批手续等。所以，签订建设工程施工合同，承包方交付合同履约保证金时往往承担一定的风险。发包人一旦违约就会使承包人置于不利地位，所以发包人的违约是承包人面临的主要风险。

因此，承包人要充分利用合同设置风险承担责任条款。明确合同细则，尽可能将涉及的风险在合同中明确规定责任承担内容，避免承包人投入过多的资金。同时，强化索赔条款，明确规定因发包人的原因导致合同无法继续履行时，发包人应对交付履约保证金的承包人进行合理的赔偿，保障承包人的合法权益。特别重要的是承包方应提前对建设工程的合法性、可行性、发包方的合同履行能力及资质进行严格审查。

四、本案裁判结果

根据审理查明的事实和法律规定，被告人杨某某以非法占有为目的，在签订、履行合同的过程中，骗取他人财物数额特别巨大，其行为已构成合同诈骗罪，公诉机关指控被告人杨某某犯合同诈骗罪的事实清楚，证据确实、充分，应予以支持。被告人杨某某到案后能如实供述自己的罪行，是坦白，依法可以从轻处罚；被告人杨某某当庭认罪，可酌情从轻处罚。对辩护人柳某某提出被告人杨某某有坦白情节、认罪悔罪、可从轻处罚的辩护意见，经查证属实，可予以采纳。综上所述，依照《中华人民共和国刑法》[此为刑法修正案（九），已于2017年、2020年两次修正] 第二百二十四条第一款第（五）项、第六十七条第三款、第六十四条、第五十二条、第五十三条第一款之规定，判决如下：

（一）被告人杨某某犯合同诈骗罪，判处有期徒刑十一年，并处罚金人民币五万元。

（刑期从判决执行之日起计算。判决执行以前先行羁押的，羁押一日折抵刑期一日，即自2016年5月23日起至2027年5月22日止，罚金限本判决生效后十日内一次性向本院缴纳）

（二）责令被告人杨某某对被害人黄某某等37人共计一千四百八十四万一千元予以退赔。

第五部分　建设工程争议解决程序法案例

案例一　建设工程刑民交叉案

陈　勇　许　燕

一、基本案情

本案案情在本书第四部分案例二“建设工程合同诈骗案”中已经详细进行了介绍，在此简介如下：被告人杨某某于2014年3月11日设立自然人独资公司，名称为××市××置业有限公司。2014年8月25日，杨某某通过竞拍，取得某块面积为10673㎡的土地使用权，准备用于某某项目开发。2014年3月至2016年4月期间，杨某某将该项目以及相邻的一块面积为10760㎡的土地（未取得国有建设用地使用权证、规划许可证），通过对建设工程重复发包、虚假发包的形式，与黄某等37个承包商签订承包合同，共骗取工程保证金1824万元。上述款项中杨某某共退还保证金339.9万元，其余款项部分用于项目开发和公司运转，部分被杨某某挥霍或偿还其个人债务。

2016年4月底开始，杨某某拒绝与被害人见面，也不接听电话。2016年5月23日，被告人杨某某在××市被公安民警抓获归案。

上述事实，被告人杨某某在开庭审理过程中无异议，且有公司营业执照、组织机构代码证、承包合同书、中标通知书、工程施工协议书、建设工程施工承包合同书、承诺书、收条、欠条、银行交易记录、合作终止协议、到案说明、户籍资料等书证，证人证言，被害人黄某等37人的陈述，辨认笔录，搜查笔录，提取笔录等证据证明，足以认定。

二、争议焦点

被告人杨某某犯合同诈骗罪的构成要件。

三、学理分析与评析

（一）建设工程合同诈骗案件的特点

我国正处于经济高速发展期，大量工程建设正如雨后春笋般涌现出来，而与之密切相关的建设工程合同诈骗犯罪也在逐渐蔓延。本案的被害人多达37位，遍及××省的多个市州地区，且所涉标的数额特别巨大。因此在这类案件的处理中，要注意社会效果和法律效果相统一。结合工程建设领域合同签订、履行的特点和一般流程，可将建设工程领域“骗保”型合同诈骗犯罪的基本构造细化为：行为人事实欺骗行为——对方陷于错误认识——对方基于该错误缔约并缴纳保证金——行为人或第三者取得保证金——基于该错误对方无法完成工程——对方无法要回保证金①。本案中的被告人就是利用建设工程项目重复发包给多人，或者虚构工程项目从而虚假发包，同时签订多份建设工程相关合同，骗取保证金。《中华人民共和国刑法》［此为刑法修正案（九），已于2017年、2020年两次修正，本案不再作说明］第二百二十四条第一款规定：“有下列情形之一，以非法占有为目的，在签订、履行合同过程中，骗取对方当事人财物，数额较大的，处三年以下有期徒刑或者拘役，并处或者单处罚金；数额巨大或者有其他严重情节的，处三年以上十年以下有期徒刑，并处罚金；数额特别巨大或者有其他特别严重情节的，处十年以上有期徒刑或者无期徒刑，并处罚金或者没收财产：（一）以虚构的单位或者冒用他人名义签订合同的；（二）以伪造、变造、作废的票据或者其他虚假的产权证明作担保的；

① 范思力．工程建设领域“骗保”型合同诈骗犯罪研究［J］．贵州警官职业学院学报，2018（3）．

（三）没有实际履行能力，以先履行小额合同或者部分履行合同的方法，诱骗对方当事人继续签订和履行合同的；（四）收受对方当事人给付的货物、货款、预付款或者担保财产后逃匿的；（五）以其他方法骗取对方当事人财物的。”上述条文内容包含了合同诈骗罪的五种情形，而检察机关的起诉书和法院的判决书中均适用其中的第（五）项“以其他方法骗取对方当事人财物的”。

笔者认为，此种适用兜底条款的处理方式有待商榷。陈兴良教授指出兜底条款在本质上属于概然性规定，亦被我国学者称为堵漏条款。兜底条款在司法适用中往往存在争议，是我国刑法的罪刑法定原则的软肋①。刑事审判区别于民事审判的一个重要特征在于二者对诉讼证明标准的不同，民事审判讲究高度盖然性，而刑事审判要求排除合理怀疑。因此，人民法院在刑事案件审理中应慎用概然性的兜底条款，通过分析证据，查明事实，明确犯罪的具体构成要件。本案中，被告人杨某某收受了被害人给付的保证金，于2016年4月底开始，拒绝与被害人见面，也不接听电话，处于一种失去联系的状态，直至公安机关将其抓获归案。笔者认为，该种情形符合《刑法》第二百二十四条第一款第（四）项的规定“收受对方当事人给付的货物、货款、预付款或者担保财产后逃匿的”，故而在条文适用上不必要选择兜底条款，应该适用第（四）项的规定，以保证刑法适用的准确性。

（二）建设工程刑民交叉案件的处理

所谓刑民交叉案件，是指案件性质既涉及刑事法律关系，又涉及民事法律关系，相互间存在交叉、牵连、影响的案件，或根据同一法律事实所涉及的法律关系，一时难以确定是刑事法律关系还是民事法律关系的案件②。关于刑民交叉案件所涉及的问题，范围广、情况复杂，如何解决尚未形成统一的立法或司法解释。与其他领域的刑民交叉案件不同，建设工

① 陈兴良．刑法的明确性问题：以《刑法》第225条第4项为例的分析［J］．中国法学，2011（4）．

② 何帆．刑民交叉案件审理的基本思路［M］．北京：中国法制出版社，2007：25－26.

程领域刑民交叉案件又具有案涉合同多样，案涉罪名主要是经济类犯罪、案件专业性强审理难、案件审理程序复杂等特点①。刑民交叉案件的处理方式主要有刑民并行、先刑后民、先民后刑，主要的确定标准有：刑事案件与民事案件是否基于同一法律事实，以及民事纠纷的解决须以刑事案件的审判结果为前提，还是刑事诉讼的处理结果必须以民事诉讼的处理结果为前提等。同时在刑民交叉案件的管辖、诉讼证据和判决结果的衔接冲突问题上也要加以注意。

对于刑民交叉案件的处理，我国现行立法规范中并无统一系统的规定，而是散见于各个部门规范性文件、法律解释以及法律中，具体涉及的条文内容及法律名称如下表：

序号	名称	字号	内容	效力
1	最高人民法院、最高人民检察院、公安部《关于在审理经济纠纷案件中发现经济犯罪必须及时移送的通知》	法（研）发〔1987〕7号	人民法院在审理经济纠纷案件中，发现经济犯罪时，一般应将经济犯罪与经济纠纷全案移送。	已失效

① 陈建军，陈勇．建设工程刑民交叉案件诉讼程序问题及其处理［J］．云梦学刊，2018（1）．

续表

序号	名称	字号	内容	效力
2	最高人民法院《关于审理存单纠纷案件的若干规定》	法释〔2020〕18号	第三条　人民法院在受理存单纠纷案件后，如发现犯罪线索，应将犯罪线索及时书面告知公安或检察机关。如案件当事人因伪造、变造、虚开存单或涉嫌诈骗，有关国家机关已立案侦查，存单纠纷案件确须待刑事案件结案后才能审理的，人民法院应当中止审理。对于追究有关当事人的刑事责任不影响对存单纠纷案件审理的，人民法院应对存单纠纷案件有关当事人是否承担民事责任以及承担民事责任的大小依法及时进行认定和处理。	现行有效
3	最高人民法院《关于在审理经济纠纷案件中涉及经济犯罪嫌疑若干问题的规定》	法释〔2020〕17号	第一条　同一自然人、法人或非法人组织因不同的法律事实，分别涉及经济纠纷和经济犯罪嫌疑的，经济纠纷案件和经济犯罪嫌疑案件应当分开审理。 第十条　人民法院在审理经济纠纷案件中，发现与本案有牵连，但与本案不是同一法律关系的经济犯罪嫌疑线索、材料，应将犯罪嫌疑线索、材料移送有关公安机关或检察机关查处，经济纠纷案件继续审理。 第十二条　人民法院已立案审理的经济纠纷案件，公安机关或检察机关认为有经济犯罪嫌疑……有关人民法院……经过审查，认为确有经济犯罪嫌疑的，应当将案件移送公安机关或检察机关……；如认为确属经济纠纷案件的，应当依法继续审理……	现行有效

续表

序号	名称	字号	内容	效力
4	最高人民检察院、公安部《关于公安机关办理经济犯罪案件的若干规定》的通知	公通字〔2017〕25号	第二十条　涉嫌经济犯罪的案件与人民法院正在审理或者作出生效裁判文书的民事案件，属于同一法律事实或者有牵连关系，符合下列条件之一的，应当立案：(一)人民法院在审理民事案件或者执行过程中，发现有经济犯罪嫌疑，裁定不予受理、驳回起诉、中止诉讼、判决驳回诉讼请求或者中止执行生效裁判文书，并将有关材料移送公安机关的。	现行有效
5	《中华人民共和国民事诉讼法》	中华人民共和国主席令第71号	第一百五十条　有下列情形之一的，中止诉讼：……(五)本案必须以另一案的审理结果为依据，而另一案尚未审结的。	现行有效

本案即属于建设工程领域的刑民交叉案件，既涉及刑事犯罪的追究，又涉及民事权利的保护。在本案中，被告人杨某某与37位被害人分别签订了37份建设工程合同，每一份合同都可以单独提起民事诉讼来追究杨某某的责任。但是从另一个角度而言，合同签订本身就是一个刑事诈骗行为，涉案财物可以按照《中华人民共和国刑法》第六十四条关于“犯罪分子违法所得的一切财物，应当予以追缴或者责令退赔；对被害人的合法财产，应当及时返还；违禁品和供犯罪所用的本人财物，应当予以没收。没收的财物和罚金，一律上缴国库，不得挪用和自行处罚”之规定进行处理，即责令被告人对被害人给付的保证金予以退赔。在刑民交叉的案件中，被害人不通过民事诉讼途径，一并在刑事诉讼中依据刑法第六十四条而追回损失，此种“刑民并行”的处理方式也未尝不可。

（三）建筑行业的市场监管亟待加强

本案中，被告人为承接项目开发而成立独资公司，项目开发和公司运转的资金大多来源于其骗取的工程保证金，在与承包商签订承包合同时，也未进行招投标等手续流程。个案中的问题折射出整个建筑行业市场可能存在的漏洞，项目公司成立的门槛低，往往未足额缴纳注册资本，资金流转存在隐患。加之市场主体的信息流通性不足，施工方与发包方之间的信息明显不对称，施工方仅根据发包方提供的文件和印章判断对方身份真伪，缺乏权威、便利、全面的公共信息渠道验证[①]。行为人极易利用这种信息不对称等监管漏洞，将虚构或者真实的项目工程进行多次分包、转包，合同相对方一般都不知情。

因此，要从源头上遏制建设工程领域的各类犯罪，必然呼唤建筑行业的市场监管。首先，在建设工程项目公司的设立上要严把资金关，确保设立人缴纳了足额或者一定比例的注册资本；其次，在项目的承包和发包上要严格遵循相关的法律法规和规范性文件的要求，依法进行招投标，并及时保证信息公开，包括市场主体的信息和工程合同的信息；再次，在追责上要突出行政监管在市场管理中应有的地位和作用，转变当前建筑市场以企业为责任主体的模式，逐步实行以个人执业资格管理为主的模式，提高个人失信成本，对有诈骗罪、合同诈骗罪前科的个人，限制其直接进入建筑市场承揽各种工程。建筑行业的健康发展关系国计民生，刑法的惩罚只是事后的干预，更应该做好事前的监督和管理工作，为建筑行业的发展提供有序的市场环境。

四、本案裁判结果

法院认为，被告人杨某某以非法占有为目的，在签订、履行合同的过程中，骗取他人财物数额特别巨大，其行为已构成合同诈骗罪，公诉机关指控被告人杨某某犯合同诈骗罪的事实清楚，证据确实、充分，应予以支持。被告人杨某某到案后能如实供述自己的罪行，是坦白，依法可以从轻处罚；被告人杨某某当庭认罪，可酌情从轻处罚。对辩护人柳某某提出被告人杨某某有坦白情节、认罪悔罪、可从轻处罚的辩护意见，经查证属

① 范思力．工程建设领域“骗保”型合同诈骗犯罪研究［J］．贵州警官职业学院学报，2018（3）．

实，可予以采纳。综上所述，依照《中华人民共和国刑法》第二百二十四条第一款第（五）项、第六十七条第三款、第六十四条、第五十二条、第五十三条第一款之规定，判决如下：

（一）被告人杨某某犯合同诈骗罪，判处有期徒刑十一年，并处罚金人民币五万元。

（二）责令被告人杨某某对被害人黄某某等 37 人共计一千四百八十四万一千元予以退赔。

案例二　建设工程项目法律谈判案

戴勇坚　王　枫

一、基本案情

2013年，在一起国内某灌溉工程施工合同谈判案件中，承包方根据当时的竞争形势和该工程以土石方工程为主、渠道采用土方填筑而成的具体特点，确定以低标策略投标。

在编标期间，承包方除了详细考察工地、研究现场条件之外，还仔细研究了招标文件，分析该工程施工和合同方面可能存在的风险，并对发包方的管理方式及合同环境进行了详细调查。在上述工作的基础上，为了在合同谈判中取得优势，承包方对标书中借土等关键性问题提出了限定性意见，为以后澄清相关事项和谈判奠定了良好基础。

2013年10月28日该项目开标，承包方是最低价投标。2014年1月19日发包方致信承包方，提出增加履约保函等9项苛刻条件。该工程投标有效期为120天，根据投标须知条款，发包方必须在投标有效期内，书面通知投标人延长投标有效期，投标人有权接受或拒绝延长投标有效期。也许由于疏忽，发包方至投标有效期届满后一个星期才要求投标人延长投标有效期。

根据法律及招标文件，本项目采用合理低价中标。作为第一标，如果承包方拒绝延长投标有效期，发包方就不得不以高出第一标10%的价格授予第二标，这将在很大程度上增加发包方成本。为充分利用这次机会，承包方一方面通过各种渠道和发包方接触，争取双方的互相理解；另一方面和工程领域专业律师联系，咨询相关合同和法律问题。

承包方在2014年3月1日给发包方发出第一封回信，承包方试图表达如下内容或达到如下目的：承包方对该工程的态度是积极的，是发包方不合情理的条件，造成承包方没有延长投标有效期。发包方对这封信件的回函内容是：根据以前信件并进一步通知承包方，如果授标给承包方，将来的合同谈判将在标书的框架之内进行。要求承包方在3月13日内延长投标有效期，以使发包方能够及时作出决定。

通过这封信，承包方探知发包方态度变化很大，于是承包方抓住机会在3月13日的回信中提出承包方的条件。同时，明确指出了发包方的两个错误（不合情理的条件和没按规定提出延期要求），希望对发包方可能采取的强硬措施起到遏制作用。

3月16日发包方回函要求承包方在3月20日前确认延长投标有效期，信中没有涉及双方的条件。承包方遂决定延长投标有效期，同时将承包方的条件予以明确。于是，承包方回信表示同意延长投标有效期60天，但以承包方对工程用地、安全处理方式等方面的理解为前提。

在澄清阶段，承包方成功地维护并细化了承包方条件，否定了发包方的条件。3月末，承包方开始进行合同谈判的准备工作。4月30日承包方收到发包方的中标意向书。在中标意向书中发包方没有提到承包方条件，而是按照发包方的意愿附加了其他条件。5月7日承包方致信发包方，简短的信件用看似接受的方式拒绝了发包方中标意向书的内容，维护了承包方业已取得的成果，并将即将开始的合同谈判拉回到有利于承包方的轨道上。

二、本案需关注的焦点问题

本案系一起建设施工合同谈判案件，根据民法的基本原则和相关合同和建设工程施工合同的一般规定，本案需关注以下三个焦点问题：

1. 建设工程项目中法律谈判的前期准备。
2. 建设工程项目中法律谈判的主要阶段。
3. 建设工程项目中法律谈判的策略方法。

三、学理分析与评析

建设工程施工合同是承包人进行工程建设、发包人支付价款的合同。建设工程施工合同具有标的物的固定性、工程建设用途的特定性、履行周期长、条款内容多、涉及面广、风险大的特点，因此一个大型工程施工合同的签订往往关系一个企业的生死存亡。在建设工程施工合同的招投标、签约、履约等各个环节中，都可能涉及矛盾纠纷的解决问题。相比于其他纠纷解决方式，谈判一方面是一种独立的纠纷解决方式；另一方面谈判又是一种贯穿于调解、仲裁、诉讼等其他纠纷解决方式的沟通方式。与其他方式相比，法律谈判是一种诉讼成本低、不拘泥于严格的程序和模式、耗费时间短、当事人主动性更强、谈判氛围更和谐的纠纷解决方式，并且能够在短时间内见效。因此，在处理建设工程类纠纷或进行合同的准备、磋商过程中，当事人更愿意采取谈判的方式，及早沟通达成合意，尽早化解可能存在的矛盾和冲突，以期实现双方共赢的效果。

法律谈判是具备专业知识和实践经验的法律人，为了满足当事人的需求，实现纠纷解决、促进交易合作等目标，遵循一定的原则和规则，与相对方进行沟通、协商和博弈，并能产生一定法律后果的过程。谈判官的价值主要体现在促进当事人有效沟通、化解纠纷与矛盾、减少当事人诉累，同时节约司法成本和资源。通过谈判官有效的沟通，双方当事人可以通过彼此的倾听与陈述，把握对方的想法、动机和期望，表达自己的目标和动机。由此言之，通过法律谈判，纠纷当事人既实现了争取自己利益的最大化，又与对方当事人平等对话，尊重各方的客观差异，真正做到求同存异，实现和谐。谈判不仅是解决争端的方法，更是促成交易、建立和维持商业秩序最重要的途径。虽然法律谈判充分尊重当事人的自由合意，但这种自由合意不能超越法律的限度。法律谈判应当在遵循法律的前提下，确认相关法律事实，落实利益平衡点，寻求最佳的解决方案。

任何一项法律谈判都是谈判各方共同解决问题、满足各自需求的过程，从这个意义上讲，不同的法律谈判对法律谈判官的行为有着共同的要求，或者说，无论参与何种法律谈判，法律谈判官都必须遵循某些共同的准则。首先，坚持平等自愿原则，谈判主体地位平等，意思表示自由真实。其次，坚持客观理性原则，只有在客观事实有合法证据证明的事实和依法推定事实的基础上进行谈判，才能更有效、更直接、更充分地实现谈判的目的；同时理性表达观点，在谈判中时刻保持清醒的头脑，冷静客观，克制自己的情绪，摈弃对方情绪的干扰，抓住谈判中的关键问题，控制谈判的进程。再次，坚持利益共享原则，谈判中的“输赢”不但是谈判桌上的输赢，而且是在平衡各项得失后综合得出的价值评判。在法律谈判中，可寻求的共同利益越高，谈判最终达成的可能性也就越大。谈判官不仅要明确自身的既定利益目标，还要考虑到他人的利益需求与可接受程度。最后严守人事分离原则，区分谈判中的人与事的问题，要把对谈判对手的态度与讨论的问题区分开来，就事论事，处理好“对人不对事”与“对事不对人”的辩证关系。

（一）建设工程项目中法律谈判的前期准备

在建设工程项目的法律谈判中，根据建设工程的固定性、工程建设用途的特定性以及工程项目建设程序的固定性等，谈判各方应充分了解建设工程项目相关的经济政策、法律规定。除此之外，还需对建设工程的技术规范、建设环境条件进行评估，以使建设工程项目谈判顺利进行。建设工程项目中法律谈判的前期准备工作包括：

1. 相关项目的资料收集

知己知彼，方能百战不殆。在双方当事人进行具体的法律谈判之前，必须充分了解和理性分析谈判对方的各种信息资料，包括标的物、工程项目土地获得情况、资金来源、拟建工程项目发包方必须运用的科学研究成果、对方的资信状况、履约能力、工程的建造材料、建造方式、工程的开工时间、竣工条件、双方的谈判人员组成等。

针对发包方和承包方所处的不同的身份地位，收集的信息资料情况也各有侧重。发包方在签订工程施工合同之前，不仅要对工程建设的水文、地质、技术信息等进行测量考察以确定招标的相关工作，还要考察承包方的资质和能力。对于承包方来说，需要了解发包方的资质和实力以及相关文件是否合法，更重要的是权衡利弊，在一些原则性问题上分析自身是否有能力承担。因为在部分项目的招投标过程中，承包方为了中标，不考虑自己的实际能力而以低价竞争；或者主动提出某些优惠条件让步以期在竞争中取得胜利，但实际上即使承接了项目，一旦发生问题，合同的合法性和有效性也难以保证，导致工程项目质量不佳、工期拖延等问题，受损害最大的还是承包方自己。本案中，发包方后续提出了一些苛刻条件，导致承包方负担加重，如若承包方为了取得项目而不考虑其实际接受能力接受这些苛刻条件，可能会影响到承包方的实际履约能力，进而为后续施工带来更严重的问题。本案中承包方公司通过对现场考察、研究招标文件等方式对项目进行了一定的调查从而为谈判和日后合同的签订提供了基础。

2. 根据谈判项目确定谈判人员组成

通常谈判人员中一般应当包括：工程技术方面的专业人员、了解工程建筑方面法律法规政策的人员以及建筑经济方面的人员。在谈判前，应当了解清楚对方的谈判人员组成情况以及组成人员的性格喜好、谈判方式等，这些信息不仅有助于确定本方谈判人员的组成，还能够增加亲切感和信任感，增进友谊，缓和谈判氛围，从而促进双方谈判目标的实现。本案中承包方公司在遇到问题后，及时就合同和法律问题联系律师取得帮助，对于建设工程合同这样较为复杂的谈判项目而言，必须寻求一些法律及建筑施工等专业技术方面人才的支持，才能避免在谈判中处于劣势。

3. 了解相关法律规定

在确定和安排谈判队伍的组成人员的基础上，提前熟悉相关的法律法规和政策是不可缺少的重要步骤。谈判双方可以利用相关的法律规定作为保护自己权益的盾牌，也可以作为本方的优势从而换取更多优惠条件。本案主要涉及以下法律规定：

第一，本项目采用合理低价中标法。根据《中华人民共和国招标投标法》（此为1999年版，已于2017年修正，本案不再作说明，以下简称《招标投标法》）及《工程建设项目施工招标投标办法》（七部委2013年30号令）的相关规定及招标文件，本项目中标人的投标应满足招标文件的实质性要求，并且经评审的投标价格最低，但是投标价格低于成本的除外。根据《工程建设项目施工招标投标办法》依法必须进行招标的项目，招标人应当确定排名第一的中标候选人为中标人。排名第一的中标候选人因法定原因未中标的、招标人可以确定排名第二的中标候选人为中标人。

第二，关于投标有效期的规定。《工程建设项目施工招标投标办法》规定，在原投标有效期结束前，出现特殊情况的，招标人可以书面形式要求所有投标人延长投标有效期，投标人有权选择同意或拒绝。

第三，关于澄清的规定。《招标投标法》规定，评标委员会可以要求投标人对投标文件中含义不明确的内容作必要的澄清或者说明，但是澄清或者说明不得超出投标文件的范围或者改变投标文件的实质性内容。

本案中，承包方公司采用低价中标法，承包方报价为最低价格，通过法律的有关规定，承包方公司了解到：若承包方公司拒绝延长有限期，发包方公司将只能接受第二标，而第二标的价格高出第一标 10%，如若放弃第一标势必导致发包方只能接受价格更高的第二标，这必然导致发包方成本增加，利益减少，对发包方明显不利，基于此项法律规定的分析，承包方可以以此作为条件从而为自己换取让步或者利益。

澄清是承包方基本了解竞争形势后进一步解释其标书的机会，在标书和合同谈判之间起桥梁作用。当竞争形势对承包方有利时，应力争通过澄清给合同谈判创造机会；当竞争形势对承包方不利时，则应力争通过澄清让发包方对自己产生好感和信任，甚至借机提出一些可向发包方争取的优惠条件。本案中，承包方的投标策略是低价投标，这是建立在承包方对自己的合同和工程管理能力以及对工程所在地的合同环境正确评价的基础上。对标书中的附加条件必须加以注意，经常会有因未澄清附加条件而被拒标的事件发生。一般而言，需要注意澄清的问题有：附加条件的文字一定要逐字斟酌，力争中性柔和，以便在澄清中可进可退；澄清仅在预计报价很低或工程风险较大时使用；尽量减少条件的数量。

4. 明晰建设工程项目常见的风险点

(1) 自然环境风险

建设工程项目往往与自然环境或地理环境息息相关，如水文气象条件、地质条件等。在建造过程中因异常地质情况或异常的天气，往往会增加承建方的工作量并延长工程的工期，消耗承建方大量的人力、物力。在实践中，发包人往往会提供关于建设工程的地质资料和技术要求，以防因自然环境的影响而导致工程延期。因此，在法律谈判前以及谈判过程中，谈判双方应当对建设工程进行实地勘察，将建设工程专业技术人员引入谈判团队，运用其专业技术和知识，制订针对自然环境风险的谈判方案。

（2）合同履行风险

在签订施工合同后，合同能否如约履行是影响建设工程项目的重要因素。合同履行风险往往包括发包人信誉恶化、履约能力差、分包违约或违法、工程监管不当等，这些因素往往导致建设工程延期或工程质量不佳等后果。因此，在建设工程项目谈判过程中，谈判官应当明确可分包的项目、合同价款的确定方式、合同进度款的支付方式、工程变更的处置方式、竣工验收和结算等。在签订合同时注意明确以上条款，有效防范合同履行风险。

（3）市场及政策风险

在建设工程项目中，市场因素与国家政策对工程实施有着深远的影响。建设工程项目涉及的市场包括劳动力市场、材料市场、设备市场、金融市场等。其中市场价格变动、汇率变动以及设备质量变动将会影响工程承包的价格与质量。而国家政策的风险主要在于国家政策将影响社会、经济的发展趋势，如税收的变化、工资的变化等，会给建设工程双方带来风险。因此，谈判官在谈判过程中应当针对市场与政策风险制订防范方案，并与对方明确在遇到这些风险时应当如何救济、双方责任如何分担，以最大限度保证己方的利益。

5. 明确谈判目标和谈判地位，拟定谈判方案

法律谈判方案的制订，是法律谈判前一项攸关谈判成败的重要准备工作。在法律谈判项目中，一般由谈判团队成员针对自己负责的部分提出建议或草拟方案，再由首席谈判官确定最终的谈判方案。法律谈判方案的内容包括法律谈判的目标、法律谈判的时间和地点、法律谈判人员的组成、法律谈判的战略技巧、法律谈判风险的预测、法律谈判的基本流程、可采用的替代方案等。

法律谈判目标的具体层次可以划分为：最高目标、实际需求目标、可接受目标和最低目标。最高目标就是能够实现谈判当事人最大利益的目标，此目标也是谈判对方可接受的最大限度，虽然往往不能实现，但可以促使谈判人员积极主动地争取更多的利益。实际需求目标在谈判官的努力沟通下一般能够达成，该目标代表己方谈判人员最主要甚至大部分的利

益，因此谈判官通常会运用各种方法手段，以实现实际需求目标。当谈判人员通常无法完全满足谈判对方的全部实际需求，此时谈判官应当考虑仅实现部分实际需求目标，即可接受目标。可接受目标应是谈判人员可以接受但不过分损害其利益的目标。最低目标是谈判官能够忍受的最低限度的实现目标，也是谈判官必须达成的最基本的目标，必须坚持的最后底线。如果此目标无法达成，往往会导致谈判的破裂。谈判官在进行法律谈判前应当明确这四个层次的目标，并善于利用它们的优势推动法律谈判按照己方理想状态发展，达成所规划的法律谈判目标。

因此在进行法律谈判前，就要清楚自己真正的利益是什么，并将这些同那些可能并不真正重要的附属事项区分开，分辨哪些利益是可以妥协的，哪些利益是绝对不能放弃的，对绝对不能放弃的利益坚决不能妥协。同时设定谈判目标还要考虑自身的情况和对方的可接受程度以及建筑市场的实际情况。在实际谈判中，发包方往往是较为占优势的一方，发包方强势，在一些情况下迫使承包方不得不接受自己提出的一些不合理的理由，以便转移发包方自身的风险，例如：要求承包方垫资、缩短工期等，这可能会导致承包方在资金回收、获取工程款、过期索赔等方面的困难。本案中承包方作为中标人在合同谈判中处于天然弱势地位，但因其报价较第二中标人低约10%且发包方违约在先（未能在投标有限期内发出通知），在标书中埋下了伏笔，再者在法律规定、工程合同一般原则和招标文件中均能找到有力的理论基础，承包方因此获得更优渥的谈判筹码。

在对上述问题进行综合分析和考虑的基础上，还要考虑到谈判双方的共同利益和利益冲突，从而拟定初步的谈判方案，决定谈判的重点和难点，有针对性地使用谈判策略和技巧。本案中承包方最重要的利益点在于争取良好的施工条件；而发包方最重要的利益点则是以合理低价将工程合法发包出去。谈判过程中，承包方委派的谈判人员要熟记己方利益点和对方利益点，围绕这些利益点运用谈判策略，按照利益点重要性的不同，依次争取最重要的利益点。共同利益是双方谈判的基础，也是双方争取的目标，本案中承包方和发包方的共同利益就是建设工程施工合同的成功履行，最终发包方取得验收合格的已完工程，承包方获得约定工程款。利益冲突是指双方的利益点相互对立，承包方得一，彼方失一；承包方得二，彼方失二的状态。在谈判中，最难把握的就是这种此消彼长的利益冲突关系，处理不好，势必成水火之势，互不相让，最终一拍两散或两败俱伤。本案中，发包方提出的增加履约保函等9项苛刻条件是双方利益冲突之处。作为最低报价的承包方，这些要求显然不能承受。这需要双方在正式谈判中进一步化解矛盾冲突，争取共同利益，最终做到求同存异，达成共识。

因此，在正式谈判前，应当了解清楚项目的基本信息情况，分析清楚双方的谈判地位，设定合理的谈判目标从而为制订有针对性的谈判策略提供基础。

（二）建设工程项目中法律谈判的主要阶段

法律谈判往往要经历开局—报价—磋商—僵局与突破—终局几个阶段。法律谈判的开局阶段是“第一次面对面的交锋”，也为接下来的谈判奠定基调。谈判开局决定了双方的谈判地位，有时甚至直接决定谈判结果，因此在开局阶段，谈判官应当通过多种方式获取对方信息，适当释放己方信息；与对方建立“连接点”，寻找共同点，拉近距离，建立信任关系，确定好谈判参数。不同类型的法律谈判应当采取不同的开局策略，遵循基本原则，综合考虑，根据谈判形势适时转换谈判开局风格。

谈判中，谈判各方围绕争议焦点针锋相对，无论是在报价阶段还是磋商让步之时，均需要谈判官具备广博的知识、雄辩的口才、灵敏的思维，牢固掌握谈判的相关知识和原则，灵活运用谈判策略和技巧。谈判桌上局势瞬息万变，谈判过程中出现僵局亦是难以避免的。正确看待法律谈判过程中可能出现的僵局，并且巧妙地利用僵局来达成己方的目的，是优秀的谈判官应当具备的谈判素养。

在法律谈判的终局阶段，谈判官应当注意选择法律谈判结束的契机，善用时间、情绪等因素促成法律谈判的成交。法律谈判的终局，并不意味着谈判官工作的结束，谈判官及其团队还应向谈判对手表示祝贺，积极争取合同起草权，及时固定谈判成果等。对于建设工程来说，在所有内容条款都已经谈判完成时，应当对已讨论过的条款的内容与形式进行再次确定，如施工内容、承建范围、工期、工程质量标准、支付方式、施工安全、违约责任等，并及时以书面的形式固定下来。法律谈判中难免出现这样或那样的的失误或错误，因此，复盘对于法律谈判意义重大。经验丰富的谈判官懂得在阶段性谈判结束后，组织人员对谈判内容与流程、谈判目标与需求及时进行回顾与总结，对经验或教训、得失与对错进行反思、调整和优化，以便不断调整谈判思路与策略，提升谈判团队的能力。

思维和理念的革新大于策略与技巧的提升。成功的谈判官必须能够正确认识到双方在谈判中所处的地位、性质、条件、相互作用的形式和谈判的发展形势，并根据这些细微的情势变化，结合法律规则原理采取对应的策略，这就是法律谈判的思维。谈判官需要拆掉传统思维里的墙，加入可视化思维等，让自己的观点和立场更有说服力。在谈判过程中，谈判官要像中医一样，察言观色，望闻问切，这样才能对症下药，提出完美的谈判方案。谈判官在己方处于谈判优势地位时，要善用一些相关的力量，发挥其最大的效益，使双方满意谈判的过程与结果，未来还可以继续合作。在谈判中即使处于优势地位，谈判官也需要保持谦虚，尊重对手。促成交易并不难，但是也有出现粗心大意、犯低级错误的可能。在劣势法律谈判中，谈判官所代理的一方往往处于一个相对被动的地位，因此，在谈判之前应当明确并坚守自身底线，在谈判中不要被对方牵着鼻子走，同时采取打感情牌、鸡蛋里挑骨头等谈判策略，在客观认识谈判条件的基础上，利用好自身的优势，在谈判中寻找出路。

（三）建设工程项目中法律谈判的策略方法

法律谈判与其他纠纷解决方式相比，法律谈判往往基于一定的“互赖关系”。法律谈判中的各方依据不同的目标和要求，通过相互影响达到目的，这种双方紧密结合以共同实现目标的情况就是互赖关系。法律谈判在此基础之上，通过法律策略、谈判技巧影响谈判的结果，从而形成“单赢”或者“双赢”的局面。特别是对于本来在谈判中就处于弱势地位的当事人来说，掌握好的谈判策略和技巧十分重要。

无论竞争形势如何，只要发包方有意授标给承包方或邀请承包方进行合同谈判，承包方均应高度重视合同谈判工作。建设工程合同谈判的每一个细小问题都将可能对工程实施或经营结果产生重大影响。在实务中，成功的法律谈判应当要有明确的目标，并且对目标的层次和内容十分清晰，根据目标采用多层次的谈判策略；同时应当坚持原则，坚持底线，不会因情势复杂目标难成而摇摆不定。但坚持原则并不意味着要固守己见，要知法理懂人情，在坚持原则的前提下，灵活运用多种方法，以退为进，最终实现谈判目标。

本案承包方在与发包方的正式合同谈判中，稍处于弱势地位，但因其报价低于第二中标人的10%又为己方争得一些合同谈判的筹码。因此承包商可以采取劣势条件下的谈判策略，如制订多层策略。古语有云“狡兔三窟”，制订多层策略对于劣势谈判者尤为重要，有预谋的退让，不仅仅可以守住己方最终的底线，又可以表达出劣势谈判者达成协议的渴望与诚意，在谈判中适当的退步与低头可以让对方有成就感，最终认同己方的方案。如承包方在合同谈判阶段签订了23条合同谈判纪要，其中20条对承包方有利。后发包方与承包方协商签订正式合同，并要求取消合同谈判会议纪要中的13条。承包方根据前期搜集的信息和谈判了解，在谨守己方最终底线的前提下，对部分条款作出了让步。在本案中，承包方始终坚守本方的底线，多次拒绝了发包方苛刻的条件，并要求其延长有效期，维护了承包方的利益，同时也给发包方造成心理压力，促进双方达成一致。此外，承包方坚持原则，不是固执己见，而是灵活运用策略，适当作出妥协，从而促成双方达成合意。谈判策略纷繁众多，不能一一列举，而有待于谈判者们在实践中根据情势随机应变，不断总结谈判经验，发现并制订最有效的谈判策略。在谈判中通常使用下列谈判的策略和技巧：

1. 掌握谈判议程：对于涉及建设工程类大型复杂的工程项目谈判，必然存在较多的事项需要进一步细化和协调，由于谈判双方各自利益取向不同，对于各项谈判事项关注的焦点和意见必然有所分歧，因此谈判双方应当合理地分配各事项的谈判时间，不要过多拘泥于某些细节性问题，节省时间，提高效率。有经验的谈判者往往能够合理地把握谈判进程，根据谈判气氛的变化调整谈判的内容和策略，当谈判气氛较为融洽时，借势提出本方的利益关注点，力图达成有利于本方的协议；当谈判氛围尴尬、紧张时，则引导谈判进入双方具有共识的议题，促进双方达成共识。

2. 步步为营：法律谈判应当坚持步步为营的原则，有层次、有步骤地推进，通过摆事实讲法律，按步骤实现本方的谈判目标。要有层次地推进本方诉求，先易后难，给予对方充足的时间来考虑和接受，迂回地进行补偿。

3. 抓大放小：善于自始至终抓住关键、实质性问题，不轻易让步；必须立足于本方的核心问题，适时进行退让。在谈判中，对于己方在谈判中的付出与收获以及彼此之间的关系，都应有一个全面而具有高度的认识。在谈判中以根本目的和利益为重，抓住主要矛盾和矛盾的主要方面，不要被谈判中的次要矛盾和矛盾的次要方面所迷惑或牵绊，从大局出发，取其重、舍其轻。

4. 避实就虚：谈判时谈判双方利益和战术的博弈，在彼此较量的过程中，谈判者不要轻易或过早地暴露自己的底线和核心利益诉求，也不要直指对方的核心利益和诉求，避免出现暴露本方目标和谈判策略或陷入谈判僵局。谈判者应当充分分析各方的优劣势，在对方的劣势上下足功夫，尽量回避自己劣势和弱点，促使对方作出妥协和让步。同时，适当的让步也可以促进谈判的成功，但应当在让步中把握好让步的幅度，通过让步争取本方更大的利益。

5. 适当的拖延与休会：谈判难免遇到障碍，当谈判陷入僵局难以进行下去的时候，暂时的拖延与休会可以缓和氛围，缓解尴尬的局面，给双方时间冷静，分析和制订新的替代方案，从而使谈判继续进行下去。

6. 分配谈判角色，注意发挥专家的作用：谈判中应当利用个人不同的性格特征，软硬兼施，同时充分发挥学术权威和现代科技的作用。建设工程项目谈判本身涉及较为广泛的学科领域，利用和发挥专家学者的作用不仅可以在专业领域获得技术支持也可以给对方施加心理压力。

7. 竞争与合作相结合：法律谈判根据谈判人所持的心理态度会呈现出截然不同的谈判形势。针对对方采取的谈判策略，谈判主体也应随机应变灵活转变本方的谈判策略。一方面应当表现出热衷于谈判的意愿和态度，另一方面也要表达出通过其他方式解决问题的意向。由于谈判双方之间的共同利益取向，谈判主体在谈判中随着谈判进程的推进势必会做出部分退让和妥协，有经验的谈判者通过事先了解背景信息、项目资料，明晰对方的利益点，能够通过让步或者条件的交换争取更大利益。如当工期和造价有矛盾时，发包方为了抢工期，施工方就可以提出增加造价的条件等。一味地退让会使对方更加贪婪，强硬的对抗会使对方产生抵触的心理，制订“软硬兼施”的谈判策略更能促进项目的达成。

8. 注意谈判氛围：气氛良好的谈判环境能够促使双方友善的达成合意，推进谈判目标的达成；紧张的谈判氛围会加剧谈判双方之间的矛盾冲突，导致谈判目标的落空。谈判的前提是双方有一致的利益目标，却往往又存在利益冲突。谈判各方旨在通过谈判化解矛盾冲突，达成一致协议，求同存异，平衡各方利益。谈判过程中难免出现不同程度的争执，使谈判处于紧张尴尬的氛围之中，有经验的谈判者会采取缓和措施，协调双方关系，缓和压力气场，与谈判对方组成人员说明实际情况，以便他们理解己方的难处，促进双方合作的达成。

9. 坚定谈判信心，降低对方对己方的要求：工程类合同的法律谈判不仅涉及法律专业知识的了解，制定恰当的谈判目标和选择适当的谈判策略，更是一场心理的博弈。工程类案件的复杂，利益矛盾的尖锐，无疑加重了谈判的难度，这更需要谈判者具有相当程度的心理素质和身体素质，遇事沉着镇定，自信坚韧，进而实现目标的达成。

10. 先声夺人：这是在谈判中处于优势地位的一方运用自身的有利地位以及对方的劣势地位，以求掌握主动的一种策略。这一策略的运用需要谈判官掌握好“质”与“量”的平衡。一方面，谈判官应当深入研究对手的综合实力以及对方谈判代表的风格与能力，以获取对手的全面信息。另一方面，谈判官应当对自身的优势与实力有清晰的把握，在策略使用上避免造成“过犹不及”的局面，而应兼顾对方利益和感受，以免造成谈判劣势一方的反感，从而失去商机。

11. 鸡蛋里挑骨头：在法律谈判中，如果谈判对手的地位和条件处于相对优势，处于弱势的一方为了使对方让步，需有意对对方提供的条件进行挑刺或者吹毛求疵，以减弱对方的筹码，施加压力，降低对方在谈判中的气场和期望值，缩小自身目标与对方目标的差距。

12. 亮底牌："亮底牌"是在谈判处于让步阶段时实行的策略。如果谈判一开始便一次性让步可让予的利益，试图"以诚制胜"。固然一方面，率先作出大幅度让步提升对对方的诱惑力，给对方留下坦诚、友好的印象，有益于提高谈判效率、推动谈判进程、降低谈判成本；但另一方面，若在谈判一开始就"亮底牌"，可能会使对方得寸进尺。因此，不可轻易使用，必须基于对对方的全面了解，审时度势作出选择。

13. 欲擒故纵：即在谈判中即使谈判的对方对谈判内容很满意，且愿意继续谈判，也要假装对该谈判毫不在乎，隐藏自己急切的心态，表面上似乎只是迫于对方的需求才愿意继续谈判。而在此时对方若急于求成，则对方会最快地作出让步，甚至可能作出更大的让步。

四、本案谈判结果

2014 年 5 月 8 日承包方和发包方举行了第一次正式谈判。经过 1 个月的谈判，6 月 7 日双方正式签订了合同谈判会议纪要。会议纪要共 23 条，其中 20 条对承包方有利，2 条中性，1 条是承包方的让步。

案例三 建设工程价款纠纷仲裁终结后当事人申请鉴定案

李立宏 陈建军

一、基本案情

前述“建设工程价款结算纠纷仲裁案”仲裁庭在审阅了申请人提交的《仲裁申请书》、有关证据材料，并在庭前听取被申请人的口头答辩后，于2017年8月9日开庭审理本案。

庭审过程中，申请人补充提交了结算报告共14本，拟证明结算总金额是17697651.37元。因申请人当庭补交工程结算资料等新证据，被申请人提出对申请人提交的工程结算资料须进行核对和审查后再当庭质证的要求，仲裁庭商议后同意给予被申请人15天质证期，并决定休庭。但被申请人没有对申请人补充提交的结算报告提出进行司法鉴定的申请。休庭期间，因申请人和被申请人的代理人身体原因，双方又分别申请延期开庭。

质证期届满后，2017年11月29日，仲裁庭第二次开庭。被申请人对申请人提交的补充证据结算报告质证意见为：1. 对所有现场签证单真实性有异议，不予认可。2. 对结算报告的金额不予认可，有异议。

庭审过程中，仲裁庭询问双方当事人是否申请追加××建设公司为本案第三人，申请人和被申请人先后以明示和默示方式表示不申请追加。

仲裁庭在查明事实的基础上依照《中华人民共和国仲裁法》第五十一条和《××仲裁委员会仲裁规则》第六十四条的规定询问双方当事人是否愿意进行调解，因申请人不同意调解，调解无果。仲裁庭遂闭庭并进行了合议。

2017年12月1日，被申请人在仲裁庭闭庭后又委托湖南××律师事务所杜某某律师作为代理人，向仲裁庭提交了一份《代理词》，并递交了一份《工程造价鉴定申请书》。鉴于该案已经依法审结并进行了合议，仲裁庭认为如果再接受被申请人的上述请求，不合法理。故仲裁庭宣布该案审理终结。

二、争议焦点

本案除了前述申请人请求被申请人就欠付的建设工程价款进行结算外，在仲裁程序上还存在着庭审终结且合议后对于被申请人再向仲裁庭提交工程造价鉴定申请的处理问题，这包括两个问题：

1. 鉴定申请应该何时提出？
2. 仲裁庭在庭审终结后的合议意见以及裁决书何时生效？

三、学理分析与评析

（一）工程造价鉴定申请应该何时提出

该问题适用民事诉讼法的相关规定。《民事诉讼法》第七十六条规定，当事人可以就查明事实的专门性问题申请鉴定。《最高人民法院关于民事诉讼证据的若干规定》（此为2008年版，已于2019年修正，本案不再作说明）第二十五条规定，“当事人申请鉴定，应当在举证期限内提出。符合本规定第二十七条规定的情形，当事人申请重新鉴定的除外。”该第二十七条规定的情形是：“（一）鉴定机构或者鉴定人员不具备相关的鉴定资格的；（二）鉴定程序严重违法的；（三）鉴定结论明显依据不足的；（四）经过质证认定不能作为证据使用的其他情形。”后来，《最高人民法院关于适用〈中华人民共和国民事诉讼法〉的解释》（此为2015年版，已于2020年修正，本案不再作说明，以下简称民诉法解释）第一百二十一条第一款规定，“当事人申请鉴定，可以在举证期限届满前提出。申请鉴定的事项与待证事实无关联，或者对证明待证事实无意义的，人民法院不予准许。”由此可见，申请鉴定的时间，从“应该”转变为“可以”在举证期限届满前提出，说明最高人民法院在处理申请鉴定时间节点上的态度已经发生了转变，但同时强调了申请鉴定的事项必须与待证事实有关联或者有意义。但第一次司法鉴定的申请到底应该在什么时候提出？怎么理解申请鉴定的事项必须与待证事实有关联或者有意义？

1. 第一次司法鉴定的申请一般在举证期限中提出

《民事诉讼法》第六十五条规定，“当事人对自己提出的主张应当及时提供证据。人民法院根据当事人的主张和案件审理情况，确定当事人应当提供的证据及其期限。当事人在该期限内提供证据确有困难的，可以向人民法院申请延长期限，人民法院根据当事人的申请适当延长。当事人逾期提供证据的，人民法院应当责令其说明理由；拒不说明理由或者理由不成立的，人民法院根据不同情形可以不予采纳该证据，或者采纳该证据但予以训诫、罚款。”民诉法解释第九十九条规定：“人民法院应当在审理前的准备阶段确定当事人的举证期限。举证期限可以由当事人协商，并经人民法院准许。人民法院确定举证期限，第一审普通程序案件不得少于十五日，当事人提供新的证据的第二审案件不得少于十日。举证期限届满后，当事人对已经提供的证据，申请提供反驳证据或者对证据来源、形式等方面的瑕疵进行补正的，人民法院可以酌情再次确定举证期限，该期限不受前款规定的限制。”该解释第一百条规定，当事人申请延长举证期限的，应当在举证期限届满前向人民法院提出书面申请。申请理由成立的，人民法院应当准许，适当延长举证期限，并通知其他当事人。延长的举证期限适用于其他当事人。申请理由不成立的，人民法院不予准许，并通知申请人。该解释第一百零一条规定：“当事人逾期提供证据的，人民法院应当责令其说明理由，必要时可以要求其提供相应的证据。当事人因客观原因逾期提供证据，或者对方当事人对逾期提供证据未提出异议的，视为未逾期。”由此可见，我国对于举证期限的规定弹性很大，而且裁判机构相应的自由裁量权也很大。但是，根据相关法律规定，一般而言，第一次司法鉴定的申请应该在举证期限中提出。

2. 在法庭辩论终结前提出

《民事诉讼法》第一百三十九条第一款规定：“当事人在法庭上可以提出新的证据。”第三款规定：“当事人要求重新进行调查、鉴定或者勘验的，是否准许，由人民法院决定。”其第一百四十二条规定：“法庭辩论终结，应当依法作出判决。判决前能够调解的，还可以进行调解，调解不成的，应当及时判决。”由此可见，申请鉴定必须在法庭辩论终结前提出，只有最迟在法庭辩论终结前提出，裁判机构才可能重新恢复庭审调查，从而处理鉴定申请的相关事宜。否则，裁判机构就应当进入裁判环节并依法作出裁判。

3. 申请鉴定的事项必须与待证事实之间具有意义

申请鉴定的事项必须与待证事实有关联好理解，怎样理解申请鉴定的事项必须与待证事实之间具有意义呢？根据民诉法解释第一百二十一条的规定，当事人提出鉴定申请的，人民法院需要就鉴定事项对证明待证事实有无意义即鉴定的必要性进行审查。由此可见，鉴定事项对证明待证事实有无意义就是指有无鉴定的必要性。例如，根据《最高人民法院关于审理建设工程施工合同纠纷案件适用法律问题的解释（二）》（现已失效）第十二条规定，“当事人在诉讼前已经对建设工程价款结算达成协议，诉讼中一方当事人申请对工程造价进行鉴定的，人民法院不予准许。”这样规定的理由是，由于当事人已经就工程价款结算达成了协议，表明当事人已自愿达成结算方面的合同，根据诚实信用原则，当事人不得反悔，而再提出鉴定申请就无意义。

（二）合议意见以及裁决书何时生效

根据《中华人民共和国仲裁法》第九条的规定：仲裁实行一裁终局制度；仲裁裁决作出后，当事人就同一纠纷再申请仲裁或者向人民法院起诉的，仲裁委员会或者人民法院应不予受理。因此，在讨论合议意见以及裁决书何时生效的问题之前，我们可以先探讨终审裁判文书何时产生法律效力的问题。

1. 学术界关于终审裁判文书何时生效的不同观点

根据《中华人民共和国仲裁法》第五十七条的规定，裁决书自作出之日起发生法律效力。根据《民事诉讼法》第十条规定：“人民法院审理民事案件，依照法律实行……两审终审制度”，第一百五十八条规定“第二审人民法院的判决、裁定，是终审的判决、裁定”。也就是说，经过二级法院审判的案件即告终结，二审裁判是未附加任何条件的，法律并没有规定必须以送达当事人为生效条件；即使未送达当事人，对其本身的效力也并没有影响，仍然是发生法律效力的判决。因此，对于一裁终局的仲裁裁决和二审民事裁判而言，裁判文书一经作出即发生法律效力，这在我国现阶段的学术界应该是没有争议的共识。

就刑事诉讼而言，《刑事诉讼法》虽然未作明确规定，但2004年7月20日最高人民法院审判委员会第1320次会议通过《最高人民法院关于刑事案件终审判决和裁定何时发生法律效力问题的批复》指出：终审的判决和裁定自宣告之日起发生法律效力。其主要理由是：（1）《刑事诉讼法》第二百零二条第一款规定："宣告判决，一律公开进行。"因为坚持审判公开原则，不仅坚持程序公开，也要坚持裁判公开——将法官对案件的结论性评价或对某些实体和程序问题的处理向社会公众公开宣示，无论是公开开庭的案件还是依法不公开审理的案件，均不允许判决、裁定不经宣告就生效的情形存在。（2）《刑事诉讼法》第二百四十二条规定："第二审人民法院审判上诉或者抗诉案件的程序，除本章已有规定的以外，参照第一审程序的规定进行。"对于终审法院来说，由于地域原因委托下级人民法院代为送达终审判决和裁定的，应当要求下级法院代为宣告后立即将裁判文书送达被告人。（3）《刑事诉讼法》没有规定送达的期限，而送达方式有直接送达、留置送达、委托送达、邮寄送达、转交送达五种形式，如何确定送达之日可能会发生歧义，导致不能确定判决和裁定的生效之日，需要将终审判决和裁定的生效时间规定为宣告之日。（4）可以避免因延误送达或者其他原因影响判决的生效执行，更好地维护被告人的合法权益。可见，刑事诉讼的终审判决和裁定自宣告之日起发生法律效力。

综上所述，我国关于终审裁判何时开始发生法律效力的问题有两种观点，第一种观点认为，终审裁判一经作出即发生法律效力。第二种观点则认为，终审的判决和裁定只有在宣判后才开始发生法律效力。

2. 我们的认识

对于终审裁判文书何时生效的问题，我们认为上述两种观点都有一定的道理，但又不能完全苟同。因为我们赞同上述两种观点的前提是：生效的对象具有特定性。

我们赞同第一种观点的前提是：其法律效力的约束对象只能是裁判机构。因为根据诚实信用原则，裁判机构对于自己作出的裁判结论不得随意改变和反悔，必须受到其法律效力的约束，只有出现了法定事由并且经过法定程序的处理，方可依法变更。

我们赞同第二种观点的前提是：其法律效力的约束对象只能是当事人。理由在于：首先，这是程序公正的当然要求。现代诉讼和仲裁不仅要追求实体公正，而且必须关注程序本身的合理性和正当性。因为程序公正是获得实体公正的前提和基础，可以有效地防止司法机关和仲裁机构的擅断与专权，可以确保当事人的人格和尊严不受侵犯，可以彰显司法和仲裁的文明与进步。程序公正要求任何一个其权益可能受到诉讼或仲裁结局影响的主体，都应当有充分的机会，富有意义地参与程序的全过程，并对裁判结果的形成发挥有效的影响和作用。因此，在程序公正的诉讼和仲裁中，当事人有权利获知裁判机构对其所作的裁判的内容，并就此进行权利救济。而知悉裁判的内容无疑只有在向其宣告之后才能实现。其次，这是审判公开原则的具体体现。我国《宪法》（此为 2004 年宪法，已于 2018 年修正）第一百二十五条规定："人民法院审理案件，除法律规定的特别情况外，一律公开进行。"《刑事诉讼法》和《民事诉讼法》也都规定了审判公开原则。因此，审判公开原则既是我国诉讼法确立的一项基本原则，也是我国宪法确立的一条重要原则。审判公开包括审理案件的公开和宣告判决的公开。而宣告判决的公开，于当事人而言，就是要向他宣读或者送达裁判结果，使其知晓裁判的内容。

由此可见，明确规定终审判决、裁定发生法律效力的起始时间，具有十分重要的意义，它可以敦促法院或仲裁机构在终审判决、裁定作出后及时送达，避免当事人缠讼，节省司法资源的投入。

值得注意的是，在本案中，庭审终结后的合议意见应该就是裁决书的核心结论，其法律效力与裁决书的法律效力密不可分，但两者的生效时间应该有所区别。虽然无论是仲裁程序还是审判程序，理论上对于合议意见生效时间的研究似乎还没有见到，但在我们看来，无论是仲裁程序还是审判程序，合议意见应该以其形成有效结论的时间作为生效时间。因为根据诚实信用原则，裁判人员依据法律和良知，对于自己发表的合议意见不得随意改变，必须受到一定的约束，一经达成一致或者形成多数意见即对其产生法律效力。

四、本案裁判结果

本案仲裁庭认为：

第一，根据《中华人民共和国仲裁法》第二十九条规定的精神，当事人委托律师和其他代理人进行仲裁活动，应当在仲裁庭组成前向仲裁委员会提交授权委托书。本案被申请人在仲裁庭组成前已经委托了两位代理人，在案件已经依法审结并完成了合议之后再又委托另外一名律师作为代理人，显然不符合《中华人民共和国仲裁法》和《民事诉讼法》关于委托代理人们相关规定的要求。

第二，参照《最高人民法院关于民事诉讼证据的若干规定》第二十五条“当事人申请鉴定，应当在举证期限内提出”，第三十四条“当事人应当在举证期限内向人民法院提交证据材料，当事人在举证期限内不提交的，视为放弃举证权利”。尽管“举证期限”可以由当事人协商，也可以由人民法院指定，但申请鉴定都必须在庭审辩论终结前提出。在本案庭审过程中，被申请人没有对申请人补充提交的结算报告提出进行司法鉴定的申请。因此，被申请人在庭审终结后提出工程造价鉴定申请，本庭不予接受。

第三，按照“一裁终局”的仲裁制度和“一事不再理”的法理，本案终结的仲裁程序没有出现再次启动程序的法定理由。如果在没有法定事由的情况下，让程序倒流，重新开庭，重新开启司法鉴定，从程序上讲是对本案申请人的极不公正的对待。

因此，本案庭审终结且进行了合议，仲裁裁决已经作出，被申请人再向仲裁庭提交工程造价鉴定申请，既不合法也不合理，故对被申请人的工程造价鉴定申请不予受理。

附录：建设工程适用法律法规索引[①]

一、法律

1. 中华人民共和国民法典
2. 中华人民共和国招标投标法（2017 年修订）
3. 中华人民共和国建筑法（2019 年第 2 次修订）
4. 中华人民共和国城市房地产管理法（2019 年第 3 次修订）
5. 中华人民共和国城乡规划法（2019 年第 2 次修订）
6. 中华人民共和国土地管理法（2019 年第 3 次修订）
7. 中华人民共和国安全生产法（2021 年第 3 次修订）
8. 中华人民共和国防震减灾法（2008 年修订）
9. 中华人民共和国消防法（2021 年第 3 次修订）
10. 中华人民共和国环境保护法（2014 年修订）
11. 中华人民共和国环境影响评价法（2018 年第 2 次修订）
12. 中华人民共和国节约能源法（2018 年第 3 次修订）
13. 中华人民共和国循环经济促进法（2018 年修订）
14. 中华人民共和国公路法（2017 年第 5 次修订）
15. 中华人民共和国铁路法（2015 年第 2 次修订）
16. 中华人民共和国反垄断法
17. 中华人民共和国矿产资源法（2009 年第 2 次修订）

---

① 以下所列均为与建设工程相关的、现行有效的法律法规；期间若有修订的，均标明最近一次的修订日期。

18. 中华人民共和国政府采购法（2014 年修订）

19. 中华人民共和国环境噪声污染防治法（2018 年修订）

二、司法解释

1. 最高人民法院关于审理建设工程施工合同纠纷案件适用法律问题的解释（一）

2. 最高人民法院关于法院审理行政协议案件若干问题的规定

3. 最高人民法院关于人民法院在审理建设工程施工合同纠纷案件中如何认定财政评审中心出具的审核结论问题的答复

4. 最高人民法院关于原北京市北协建设工程公司第三工程处起诉北京市北协建设工程公司解除挂靠经营纠纷是否受理问题的复函

5. 最高人民法院关于安徽省合肥联合发电有限公司诉阿尔斯通发电股份有限公司建设工程合同纠纷一案的请示的复函

6. 最高人民法院关于山东省青岛东方铁塔集团有限公司与河南省延津县广播电视局建设工程施工合同纠纷一案指定管辖的通知

7. 最高人民法院关于建设工程承包合同案件中双方当事人已确认的工程决算价款与审计部门审计的工程决算价款不一致时如何适用法律问题的电话答复意见

8. 最高人民法院对山西省高级人民法院《关于对县级以上人民政府设立的建设工程质量监督站是否应由计量行政主管部门进行计量认证问题的请示》的答复

9. 最高人民法院关于如何认定工程造价从业人员是否同时在两个单位执业问题的答复

三、行政法规

1. 建设工程质量管理条例（2019 年第 2 次修订）

2. 建设工程勘察设计管理条例（2017 年第 2 次修订）

3. 建设工程安全生产管理条例

4. 招标投标法实施条例（2019 年第 3 次修订）

5. 安全生产许可证条例（2014 年第 2 次修订）

6. 建设项目环境保护管理条例（2017 年修订）

7. 公共机构节能条例（2017 年修订）

8. 民用建筑节能条例

9. 注册建筑师条例（2019 修订）

10. 对外承包工程管理条例（2017 年修订）

11. 防治海岸工程建设项目污染损害海洋环境管理条例（2018 年第 3 次修订）

12. 矿山地质环境保护规定（2019 年第 3 次修订）

13. 城市房地产开发经营管理条例（2020 年 11 月第 5 次修订）

14. 生产安全事故应急条例

15. 电信条例（2016 年第 2 次修订）

16. 航道管理条例（2008 年修订）

17. 国务院关于禁止在市场经济活动中实行地区封锁的规定（2011 年修订）

18. 地震监测管理条例（2011 年修订）

19. 收费公路管理条例

20. 大中型水利水电工程建设征地补偿和移民安置条例（2017 年第 4 次修订）

21. 城镇国有土地使用权出让和转让暂行条例（2020 年修订）

22. 土地管理法实施条例（2021 年第 4 次修订）

23. 基本农田保护条例（2011 年第 2 次修订）

24. 矿产资源监督管理暂行办法

25. 矿产资源补偿费征收管理规定（1997 年修订）

26. 矿产资源法实施细则

27. 村庄和集镇规划建设管理条例

28. 民用机场管理条例（2019 年修订）

29. 财政违法行为处罚处分条例（2011 年修订）

四、部门规章及规范性文件等

1. 国务院办公厅关于促进建筑业持续健康发展的意见
2. 国务院办公厅关于清理规范工程建设领域保证金的通知
3. 国务院办公厅关于开展工程建设项目审批制度改革试点的通知
4. 国务院办公厅关于全面开展工程建设项目审批制度改革的实施意见
5. 住房和城乡建设部关于进一步加强建筑市场监管工作的意见
6. 住房和城乡建设部关于做好建筑企业跨省承揽业务监督管理工作的通知
7. 住房和城乡建设部关于推进建筑业发展和改革的若干意见
8. 国务院关于印发全国生态环境建设规划的通知
9. 国家重点建设项目管理办法（2011 年修订）
10. 国家机关办公建筑和大型公共建筑节能专项资金管理暂行办法
11. 建设领域安全生产行政责任规定
12. 运输机场建设管理规定（2018 年修订）
13. 农村公路建设管理办法
14. 公路建设监督管理办法（2021 年第 2 次修订）
15. 公路建设市场管理办法（2015 年第 2 次修订）
16. 港口工程建设管理规定（2019 年第 2 次修订）
17. 铁路建设项目环境影响评价管理办法
18. 铁路建设项目方案竞选管理办法
19. 铁路建设工程勘察设计管理办法
20. 水利前期工作投资计划管理办法
21. 电信建设管理办法
22. 生态环境部建设项目环境影响报告书（表）审批程序规定
23. 建设项目环境影响评价文件分级审批规定（2008 年修订）
24. 海洋工程环境影响评价管理规定
25. 工程建设项目申报材料增加招标内容和核准招标事项暂行规定（2013 年修订）

26. 评标委员会和评标方法暂行规定（2013 年修订）

27. 电子招标投标办法

28. 电子招标投标系统检测认证管理办法（试行）

29. 招标公告和公示信息发布管理办法

30. 国家发展改革委办公厅关于进一步做好《必须招标的工程项目规定》和《必须招标的基础设施和公用事业项目范围规定》实施工作的通知

31. 必须招标的工程项目规定

32. 必须招标的基础设施和公用事业项目范围规定

33. 基础设施和公用事业特许经营管理办法

34. 房屋建筑和市政基础设施工程施工招标投标管理办法（2019 年第 2 次修订）

35. 市政公用事业特许经营管理办法（2015 年修订）

36. 工程建设项目施工招标投标办法（2013 年修订）

37. 工程建设项目货物招标投标办法（2013 年修订）

38. 工程建设项目勘察设计招标投标办法（2013 年修订）

39. 建筑工程方案设计招标投标管理办法（2019 年修订）

40. 建筑工程设计招标投标管理方法

41. 工程建设项目自行招标试行办法（2013 年修订）

42. 国家重大建设项目稽察办法

43. 工程建设项目招标投标活动投诉处理办法（2013 年修订）

44. 招标投标违法行为记录公告暂行办法

45. 住房和城乡建设部关于进一步加强房屋建筑和市政基础设施工程招标投标监管的指导意见

46. 住房和城乡建设部关于进一步加强房屋建筑和市政工程项目招标投标监督管理工作的指导意见

47. 招标拍卖挂牌出让国有建设用地使用权规定（2007 年修订）

48. 国务院办公厅关于完善建设用地使用权转让、出租、抵押二级市场的指导意见

49. 建设部关于加强房屋建筑和市政基础设施工程项目施工招标投标

行政监督工作的若干意见

50. 国务院有关部门实施招标投标活动行政监督的职责分工的意见

51. 水利工程建设项目招标投标管理规定

52. 铁路工程建设项目招标投标管理办法

53. 铁路工程建设施工招标投标管理办法

54. 铁路建设工程招标投标实施办法

55. 国家高技术产业发展项目管理暂行办法

56. 经营性公路建设项目投资人招标投标管理规定（2015 年修订）

57. 房屋建筑和市政基础设施工程施工分包管理办法（2019 年第 2 次修订）

58. 建筑工程施工发包与承包违法行为认定查处管理办法

59. 对外承包工程保函风险专项资金管理暂行办法（2003 年修订）

60. 对外承包工程质量安全问题处理的有关规定

61. 水利工程质量事故处理暂行规定

62. 建设工程勘察质量管理办法（2021 年第 2 次修订）

63. 房屋建筑和市政基础设施工程施工图设计文件审查管理办法（2018 年修订）

64. 住房和城乡建设部关于进一步促进工程勘察设计行业改革与发展的若干意见

65. 建设工程施工现场综合考评试行办法

66. 工程建设工法管理办法（2014 年修订）

67. 铁路工程建设工法管理办法

68. 建筑工程施工许可管理办法（2021 年第 2 次修订）

69. 建设工程监理范围和规模标准规定

70. 房屋建筑工程施工旁站监理管理办法（试行）

71. 水利工程建设安全生产管理规定（2019 年第 3 次修订）

72. 建设部办公厅关于监理单位审核工程预算资格和建设工程项目承包发包有关问题的复函

73. 建设部关于落实建设工程安全生产监理责任的若干意见

74. 国务院办公厅关于进一步加强安全生产工作的通知

75. 住房和城乡建设部关于大型工程监理单位创建工程项目管理企业的指导意见

76. 住房和城乡建设部关于促进工程监理行业转型升级创新发展的意见

77. 房屋建筑和市政基础设施工程竣工验收规定

78. 房屋建筑和市政基础设施工程竣工验收备案管理办法（2009 年修订）

79. 建筑工程施工质量验收统一标准

80. 城市建设档案管理规定（2019 年修订）

81. 城市地下管线工程档案管理办法（2019 年第 2 次修订）

82. 水利工程建设监理规定（2017 年修订）

83. 水利工程建设监理单位资质管理办法（2019 年第 4 次修订）

84. 水利工程质量检测管理规定（2019 年第 2 次修订）

85. 住房和城乡建设部关于做好住宅工程质量分户验收工作的通知

86. 全国人民代表大会常务委员会法制工作委员会法规备案审查室关于对地方性法规中以审计结果作为政府投资建设项目竣工结算依据有关规定提出的审查建议的复函

87. 关于在房地产开发项目中推行工程建设合同担保的若干规定（试行）

88. 建设部关于在建设工程项目中进一步推行工程担保制度的意见

89. 危险性较大的分部分项工程安全管理规定（2019 年修订）

90. 建筑施工安全生产标准化考评暂行办法

91. 房屋建筑和市政基础设施工程施工安全监督规定（2019 年修订）

92. 房屋建筑和市政基础设施工程施工安全监督工作规程（2019 年修订）

93. 建筑施工企业安全生产管理机构设置及专职安全生产管理人员配备办法

94. 建筑施工企业负责人及项目负责人施工现场带班暂行办法

95. 住房城乡建设部关于印发建筑施工企业主要负责人、项目负责人和专职安全生产管理人员安全生产管理规定实施意见的通知

96. 建筑工程预防高处坠落事故若干规定

97. 建筑工程预防坍塌事故若干规定

98. 建筑工程安全防护、文明施工措施费用及使用管理规定

99. 建筑安装工程费用项目组成

100. 房屋市政工程生产安全重大隐患排查治理挂牌督查暂行办法

101. 建设项目安全设施“三同时”监督管理办法（2015 年修订）

102. 房屋市政工程生产安全和质量事故查处督办暂行办法

103. 房屋市政工程生产安全事故报告和查处工作规程

104. 住房和城乡建设部、应急管理部关于加强建筑施工安全事故责任企业人员处罚的意见

105. 建筑施工企业安全生产许可证管理规定（2015 年修订）

106. 建筑施工企业安全生产许可证管理规定实施意见

107. 建筑施工企业安全生产许可证动态监管暂行办法

108. 施工现场安全防护用具及机械设备使用监督管理规定

109. 建筑施工人员个人劳动保护用品使用管理暂行规定

110. 施工现场安全防护用具及机械设备使用监督管理规定

111. 建筑工人实名制管理办法（试行）

112. 建筑起重机械安全监督管理规定

113. 建筑起重机械备案登记办法

114. 建设部关于运用《建设工程质量管理条例》第六十七条、第三十一条的复函

115. 建设部关于适用《建设工程质量管理条例》第 58 条有关问题的复函

116. 建设领域推广应用新技术管理规定

117. 建设工程质量投诉处理暂行规定

118. 房屋建筑工程和市政基础设施工程实行见证取样和送检的规定

119. 房屋建筑工程质量保修办法

120. 建设工程质量检测管理办法（2015 年修订）

121. 房屋建筑和市政基础设施工程质量监督管理规定

122. 建筑工程五方责任主体项目负责人质量终身审责任追究暂行办法

123. 建筑施工项目经理质量安全责任十项规定（试行）

124. 建设单位项目负责人质量安全责任八项规定（试行）

125. 建筑工程勘察单位项目负责人质量安全责任七项规定（试行）

126. 建筑工程设计单位项目负责人质量安全责任七项规定（试行）

127. 建筑工程项目总监理工程师质量安全责任六项规定（试行）

128. 安全生产领域违法违纪行为政纪处分暂行规定

129. 安全生产违法行为行政处罚办法（2015 年第 2 次修订）

130. 煤矿建设项目安全设施监察规定（2015 年修订）

131. 建设工程质量保证金管理办法（2017 年修订）

132. 安全生产事故隐患排查治理暂行规定

133. 生产安全事故应急预案管理办法（2019 年修订）

134. 生产安全事故信息报告和处置办法

135. 建设部关于加强住宅工程质量管理的若干意见

136. 住房和城乡建设部关于进一步强化住宅工程质量管理和责任的通知

137. 住房和城乡建设部关于做好房屋建筑和市政基础设施工程质量事故报告和调查处理工作的通知

138. 工程建设国家标准管理办法

139. 工程建设行业标准管理办法

140. 工程建设标准局部修订管理办法

141. 实施工程建设强制性标准监督规定（2021 年修订）

142. 工程建设标准涉及专利管理办法

143. 建设工程施工发包与承包价格管理暂行规定

144. 建筑工程施工发包与承包计价管理办法

145. 建设工程价款结算暂行办法

146. 建设工程定额管理办法

147. 建设领域农民工工资支付管理暂行办法

148. 国务院办公厅关于全面治理拖欠农民工工资问题的意见

149. 建设工程抗震设防要求管理规定

150. 超限高层建筑工程抗震设防管理规定

151. 房屋建筑工程抗震设防管理规定（2015 年修订）

152. 住房和城乡建设部关于房屋建筑工程推广应用减隔震技术的若干意见（暂行）

153. 住房和城乡建设部关于进一步加强建筑施工消防安全工作的通知

154. 消防监督检查规定（2012 年修订）

155. 社会消防技术服务管理规定（2021 年修订）

156. 城市建筑垃圾管理规定

157. 城市设计管理办法

158. 建设用地容积率管理办法

159. 建设项目选址规划管理办法

160. 建设用地审查报批管理办法（2016 年第 2 次修订）

161. 协议出让国有土地使用权规定

162. 违反土地管理规定行为处分办法

163. 建设部关于《建设项目选址规划管理办法》有关问题的复函

164. 国务院关于加强城乡规划监督管理的通知

165. 省域城镇体系规划编制审批办法

166. 建制镇规划建设管理办法（2011 年修订）

167. 建设项目用地预审管理办法（2016 年第 3 次修订）

168. 城市、镇控制性详细规划编制审批办法

169. 城市规划编制办法

170. 城市地下空间开发利用管理规定（2001 年修订）

171. 民用建筑节能管理规定

172. 民用建筑工程节能质量监督管理办法

173. 绿色建材评价标识管理办法

174. 房地产开发企业资质管理规定（2015 年第 2 次修订）

175. 建设工程勘察设计资质管理规定（2018 年第 3 次修订）

176. 建设工程勘察设计资质管理规定实施意见

177. 工程设计资质标准（2016 年修订）

178. 工程勘察资质标准（2016 年修订）

179. 工程勘察资质标准实施办法

180. 施工总承包企业特级资质标准

181. 建筑业企业资质标准（2016 年修订）

182. 建筑业企业资质管理规定和资质标准实施意见（2020 年修订）

183. 住房和城乡建设部 国家发展改革委关于印发房屋建筑和市政基础设施项目工程总承包管理办法的通知

184. 工程监理企业资质管理规定（2018 年第 3 次修订）

185. 工程监理企业资质管理规定实施意见（2016 年修订）

186. 建设工程项目管理试行办法

187. 建设部关于培育发展工程总承包和工程项目管理企业的指导意见

188. 住房和城乡建设部关于大型工程监理单位创建工程项目管理企业的指导意见

189. 国务院关于优化建设工程防雷许可的决定

190. 工程咨询行业管理办法

191. 工程造价咨询企业管理办法（2020 年第 3 次修订）

192. 建设工程企业资质申报弄虚作假行为处理办法

193. 建设部办公厅关于工程勘察、设计、施工、监理企业及招标代理机构资质申请及年检有关问题的通知

194. 住房和城乡建设部关于建设工程企业资质资格延续审查有关问题的通知

195. 住房和城乡建设部关于建设工程企业发生重组、合并、分立等情况资质核定有关问题的通知

196. 住房和城乡建设部关于建筑业企业资质管理有关问题的通知

197. 注册建筑师条例实施细则

198. 注册建筑师执业及管理工作有关问题的暂行规定

199. 注册建造师管理规定（2016 年修订）

200. 注册建造师执业管理办法（试行）

201. 住房和城乡建设部建筑市场监管司关于《注册建造师执业管理办法》有关条款解释的复函

202. 勘察设计注册工程师管理规定（2016 年修订）

203. 注册造价工程师管理办法（2020 年第 2 次修订）

204. 注册监理工程师管理规定（2016 年修订）

205. 注册结构工程师执业资格制度暂行规定

206. 建筑施工特种作业人员管理规定

207. 住房和城乡建设部关于加强建筑市场资质资格动态监管完善企业和人员准入清出制度的指导意见

208. 建设部关于外商投资建筑业企业管理规定中有关资质管理的实施办法

209. 建设部关于外国企业在中华人民共和国境内从事建设工程设计活动的管理暂行规定

210. 开办煤矿企业审批审批办法

211. 建设部建设行政处罚程序暂行规定

212. 住房和城乡建设部关于印发《规范住房和城乡建设部工程建设行政处罚裁量权实施办法》和《住房和城乡建设部工程建设行政处罚裁量基准》的通知

213. 建设领域违法违规行为稽查工作管理办法

214. 水利基本建设项目稽察暂行办法

215. 建设部信访工作管理办法

216. 建筑市场诚信行为信息管理办法

217. 违反规定插手干预工程建设领域行为处分规定

218. 政府投资项目审计规定

219. 住房城乡建设领域违法违规行为举报管理办法

220. 国务院办公厅关于印发中央国家机关全面推行政府采购制度实施方案的通知

221. 国务院办公厅关于建立政府强制采购节能产品制度的通知

222. 国务院办公厅关于进一步加强政府采购管理工作的意见

223. 政府采购货物和服务招标投标管理办法（2017 年修订）

224. 住房和城乡建设部办公厅关于重新调整建设工程计价依据增值税税率的通知

225. 国家发展改革委关于依法依规加强 PPP 项目投资和建设管理的通知

226. 国家发展改革委关于鼓励民间资本参与政府和社会资本合作（PPP）项目的指导意见

227. 财政部、住房城乡建设部、农业部、环境保护部关于政府参与的污水、垃圾处理项目全面实施 PPP 模式的通知

228. 国家发展改革委、住房城乡建设部关于进一步做好重大市政工程领域政府和社会资本合作（PPP）创新工作的通知

229. 财政部关于印发《财政部政府和社会资本合作（PPP）专家库管理办法》的通知

230. 财政部关于进一步加强政府和社会资本合作（PPP）示范项目管理的通知

231. 财政部关于印发《政府和社会资本合作（PPP）项目绩效管理操作指引》的通知

232．国家发展改革委关于依法依规加强 PPP 项目投资和建设管理的通知

后　记

从开始动议编写本书到最后完成定稿送交出版社，经过了一年多的时间。这段时间恰好是湖南理工学院“创大申博”（即由学院改办大学、申报博士学位授权单位）的关键时期，学校作为全省改办大学的两所高校之一，列入了湖南省政府“十三五”发展规划（湖南理工学院本应在湖南商学院改为湖南工商大学之后，于2020年底前改为湖南理工大学，因教育部2020年将改办大学与独立学院转设挂钩，并作为改办大学的前置条件而未能如期实现改办大学的目标），学校还被确定为2020—2023年湖南省立项建设博士学位授予单位。2018年湖南理工学院政法学院也由法学本科办学跨入了法律硕士研究生教育行列。新的形势，新的任务，迫使我们要高度重视学科建设，逐步形成特色，加快提升水平。编写本书是其中的工作目标之一。

在编写本书的过程中，岳阳市中级人民法院、岳阳市君山区人民法院、岳阳县人民检察院、瀛启启邦显辉（岳阳）联营律师事务所、上海建纬（长沙）律师事务所、湖南三湘律师事务所、湖南律德律师事务所、湖南立华律师事务所等实务部门给予了大力支持，并参与了本书的编写。

本书前言由陈建军教授完成。

第一部分案例一由程琳副教授和2019级法律硕士陈敏贤同学共同完成。

第一部分案例二由梁晨博士和2019级法律硕士罗晨晨同学共同完成。

第二部分案例一由2019级法律硕士朱再飞同学和2019届工程法律实验班蒋益群同学共同完成。

第二部分案例二由岳阳市中级人民法院土地与房地产审判庭庭长陈军

高级法官完成。

第二部分案例三由陈建军教授和湖南律德律师事务所刘涛律师共同完成。

第二部分案例四由湖南立华律师事务所刘立华律师和2019级法律硕士谢建云同学共同完成。

第三部分案例一由湖南三湘律师事务所姚小葵律师和2019级法律硕士孟雪同学共同完成。

第三部分案例二由2019级法律硕士史裕隆同学和2019届工程法律实验班李皓鹏同学共同完成。

第三部分案例三由孟磊博士、2019级法律硕士谭伊萌同学和2019届工程法律实验班黎回香同学共同完成。

第四部分案例一由岳阳县人民检察院检察委员会专职委员钟雄辉检察官和检察二部主任刘帅检察官共同完成。

第四部分案例二由尹晓闻博士完成。

第五部分案例一由岳阳市中级人民法院审判委员会委员陈勇高级法官和岳阳市君山区人民法院许燕法官共同完成。

第五部分案例二由上海建纬（长沙）律师事务所主任戴勇坚一级律师和2019级法律硕士王枫同学共同完成。

第五部分案例三由瀛启启邦显辉（岳阳）联营律师事务所律师李立宏博士和陈建军教授共同完成。

附录由2019级法律硕士王枫同学完成。

本书后记由陈建军教授完成。

全书由陈建军教授拟定框架，确定案选，统稿和审稿，由孟磊博士负责组稿、联络。

本书的出版是在出版形势发生重大变化以及受新冠疫情严重影响的情况下实现的，非常不容易。非常感谢湘潭大学出版社的领导和黄琼编辑的大力支持和辛劳，这是本书得以出版的保证。谢谢你们！

湖南理工学院政法学院　陈建军

2021年6月16日

图书在版编目（CIP）数据

建设工程典型案例述评 / 陈建军，孟磊主编．-- 湘潭：湘潭大学出版社，2021.8
ISBN 978-7-5687-0571-4

Ⅰ．①建… Ⅱ．①陈… ②孟… Ⅲ．①建筑法－法的理论－案例－中国 Ⅳ．①D922.297.1

中国版本图书馆 CIP 数据核字（2021）第 119975 号

建设工程典型案例述评

JIANSHE GONGCHENG DIANXING ANLI SHUPING

陈建军 孟磊 主编

责任编辑：黄 琼
封面设计：李 平
出版发行：湘潭大学出版社
社 址：湖南省湘潭大学工程训练大楼
电 话：0731-58298960 0731-58298966（传真）
邮 编：411105
网 址：http://press.xtu.edu.cn/
印 刷：广东虎彩云印刷有限公司
经 销：湖南省新华书店
开 本：710 mm×1000 mm 1/16
印 张：11.25
字 数：179 千字
版 次：2021 年 8 月第 1 版
印 次：2021 年 8 月第 1 次印刷
书 号：ISBN 978-7-5687-0571-4
定 价：32.80 元